Martina Weber

100 Fragen zum Arbeitsrecht für Pflegekräfte

Aktuelles Fachwissen für Fach- und Führungskräfte

2., aktualisierte Auflage

Kompetente Antworten & praktische Tipps

schlütersche

Martina Weber ist Volljuristin (Ass. jur.) mit den Spezialgebieten Arbeits- und Pflegerecht. Viele Jahre war sie als Dozentin für Recht in der Gesundheits- und Krankenpflegeausbildung und -fortbildung tätig und arbeitet als wissenschaftliche Autorin und Lyrikerin, Übersetzerin und Bloggerin. Sie hat zahlreiche Fachbücher sowie Fachartikel in Pflegefachzeitschriften veröffentlicht.
Unter der Marke Brigitte Kunz Verlag erschienen von Martina Weber auch die Bücher »100 Fragen zu Patientenverfügungen und Sterbehilfe« sowie »50 Fragen zur sogenannten Überlastungsanzeige in Pflegeeinrichtungen«.

»Das Arbeitsrecht wandelt sich ständig. Hier sind die 100 wichtigsten Antworten auf konkrete arbeitsrechtliche Fragen, die Sie als Fach- und Führungskraft in der Pflege brauchen.«

MARTINA WEBER

Bibliografische Information der Deutschen Nationalbibliothek
Die Deutsche Nationalbibliothek verzeichnet diese Publikation in der Deutschen Nationalbibliografie; detaillierte bibliografische Daten sind im Internet über http://dnb.de abrufbar.

ISBN 978-3-8426-0804-7 (Print)
ISBN 978-3-8426-8977-0 (PDF)
ISBN 978-3-8426-8978-7 (EPUB)

Titelbild: sdecoret - stock.adobe.com
Covergestaltung und Reihenlayout: Lichten, Hamburg
Druck und Bindung: CPI Druckdienstleistungen GmbH, Erfurt

Inhalt

Vorwort

Da die berufliche Arbeit einen zentralen Stellenwert im Leben der meisten Erwachsenen einnimmt, wirkt sich die Rechtslage im Arbeitsrecht spürbar auf den Arbeits- und Lebensalltag aus. Das Arbeitsrecht ist ein Rechtsgebiet, das ständig im Wandel ist. Der Gesetzgeber reagiert auf neue gesellschaftliche Herausforderungen und gestaltet sie mit.

Die Rechtsgrundlagen im Arbeitsrecht verteilen sich auf zahlreiche Rechtsquellen wie Gesetze, Tarifverträge und den einzelnen Arbeitsvertrag, aber auch europäisches Gemeinschaftsrecht. Durch bloßes Lesen dieser Rechtsgrundlagen erschließt sich die Rechtslage in den seltensten Fällen. Einer der Gründe dafür liegt darin, dass das Arbeitsrecht in besonderem Maß durch Richterrecht geprägt ist, also durch Gerichtsentscheidungen, die den abstrakten Gesetzestext anhand konkreter Fälle interpretieren.

In diesem Buch sind 100 Fragen zum Arbeitsrecht zusammengestellt: klassische Standardfragen einerseits, und andererseits spezielle Fragen, die den Pflegebereich betreffen. Für die Neuauflage habe ich das Buch auf den aktuellen Stand gebracht und zahlreiche Fragen eingefügt, die neuere Rechtsprobleme, Rechtsprechungsfälle sowie Gesetzesänderungen aufgreifen, z. B.

- die Einführung der Brückenteilzeit,
- Änderungen im Mutterschutzgesetz,
- die Frage nach der Religionszugehörigkeit als Einstellungskriterium eines kirchlichen Arbeitgebers,
- die Frage nach der Umkleidezeit als Arbeitszeit,
- die Abschaffung bezahlter Raucherpausen.

Dieses Buch richtet sich an Führungskräfte im Pflegebereich und an die einzelne Pflegefachkraft im stationären und ambulanten Bereich. Es bietet möglichst präzise Auskünfte auf konkrete arbeitsrechtliche Fragen, die sich immer wieder stellen.

Frankfurt am Main, im Januar 2019 Martina Weber

Abkürzungsverzeichnis

Abs.	Absatz
AGG	Allgemeines Gleichbehandlungsgesetz
AltPflG	Altenpflegegesetz
AP	Arbeitsrechtliche Praxis (Rechtsprechungssammlung)
AP BGB	Arbeitsrechtliche Praxis zum Bürgerlichen Gesetzbuch (Rechtsprechungssammlung)
ArbG	Arbeitsgericht
ArbZG	Arbeitszeitgesetz
AuR	Arbeit und Recht (Fachzeitschrift)
BAG	Bundesarbeitsgericht
BAT	Bundesangestelltentarif
BB	Betriebsberater (Fachzeitschrift)
BEEG	Bundeselterngeld- und Elternzeitgesetz
BetrVG	Betriebsverfassungsgesetz
BBiG	Bundesbildungsgesetz
BUrlG	Bundesurlaubsgesetz
bzw.	beziehungsweise
DB	Der Betrieb (Fachzeitschrift)
ff.	fortfolgende
GewO	Gewerbeordnung
JArbSchG	Jugendarbeitsschutzgesetz
KrPflG	Krankenpflegegesetz
KSchG	Kündigungsschutzgesetz

LAG	Landesarbeitsgericht
LAGE	Entscheidungssammlung der Landesarbeitsgerichte
NJW	Neue juristische Wochenschrift (Fachzeitschrift)
Nr.	Nummer
NZA	Neue Zeitschrift für Arbeitsrecht (Fachzeitschrift)
NZA-RR	Neue Zeitschrift für Arbeitsrecht-Rechtsprechungsreport (Fachzeitschrift)
OLG	Oberlandesgericht
PDL	Pflegedienstleitung
PflBG	Pflegeberufegesetz
PflegeZG	Pflegezeitgesetz
Rn	Randnummer
S.	Seite
SGB III	Sozialgesetzbuch 3. Buch – Arbeitsförderung
SGB IX	Sozialgesetzbuch 9. Buch – Rehabilitation und Teilhabe behinderter Menschen
SGB XI	Sozialgesetzbuch 11. Buch – Pflegeversicherung
TVöD	Tarifvertrag für den öffentlichen Dienst
TzBfG	Teilzeit- und Befristungsgesetz

1 Begründung des Arbeitsverhältnisses

Frage 1: **Muss ein Arbeitnehmer, der einen Termin für ein Vorstellungsgespräch wahrnehmen möchte, bei seinem aktuellen Arbeitgeber Urlaub nehmen?**

Es kommt darauf an, ob sich der Arbeitnehmer in einem gekündigten oder in einem ungekündigten Arbeitsverhältnis befindet. § 629 BGB gewährt einen Anspruch auf Freizeit zur Stellensuche. Nach § 629 BGB hat der Arbeitgeber nach Kündigung eines dauernden Arbeitsverhältnisses dem Arbeitnehmer auf dessen Verlangen angemessene Zeit zum Aufsuchen eines anderen Arbeitsverhältnisses zu gewähren.

Der Anspruch besteht unabhängig davon, ob das Arbeitsverhältnis vonseiten des Arbeitnehmers oder vonseiten des Arbeitgebers gekündigt wurde (Erfurter Kommentar zum Arbeitsrecht / Müller-Glöge, § 629 BGB, Rn 3). Sucht ein Arbeitnehmer dagegen aus einem ungekündigten Arbeitsverhältnis eine neue Stelle, gilt § 629 BGB nicht: Der Arbeitnehmer muss dann bei seinem Arbeitgeber Urlaub nehmen, um an Vorstellungsgesprächen, die in seiner Arbeitszeit liegen, teilnehmen zu können.

Der Anspruch aus § 629 BGB erfasst nicht nur die Freistellung zur Teilnahme an Vorstellungsgesprächen; sie erfasst auch die Teilnahme an Eignungstests, das Aufsuchen einer gewerblichen Arbeitsvermittlung sowie das Aufsuchen der Agentur für Arbeit, um der persönlichen Meldepflicht nach § 38 SGB III (Rechte und Pflichten der Ausbildungs- und Arbeitsuchenden) nachzukommen.

Will ein Arbeitnehmer von seinem Anspruch aus § 629 BGB Gebrauch machen, ist er verpflichtet, seinem Arbeitgeber den Grund und die voraussichtliche Dauer der Freistellung mitzuteilen. Den Namen des Arbeitgebers, der den Arbeitnehmer zum Vorstellungsgespräch eingeladen hat, braucht der Arbeitnehmer seinem Arbeitgeber nicht zu nennen. Der Anspruch muss so rechtzeitig geltend gemacht werden, dass der Arbeitgeber für die Zeit der Abwesenheit des Arbeitnehmers Ersatz organisieren kann. Der Arbeitnehmer ist nicht berechtigt, mit Verweis auf § 629 BGB einfach der Arbeit fern zu bleiben. Die Freizeit zur Stellensuche muss durch den Arbeitgeber gewährt werden.

Frage 2: Hat eine Pflegekraft für die Zeit eines Vorstellungsgesprächs bei einem anderen Arbeitgeber Anspruch auf Entgeltfortzahlung gegen ihren aktuellen Arbeitgeber?

Das hängt einerseits davon ab, wie lange die Pflegekraft wegen der Teilnahme am Vorstellungsgespräch nicht zur Arbeit gehen kann, und andererseits davon, ob auf das Arbeitsverhältnis der TVöD anwendbar ist und ob es eine einschlägige Regelung im Arbeitsvertrag oder in einer Betriebsvereinbarung gibt.

Aus juristischer Sicht ist die Teilnahme an einem Vorstellungsgespräch eine vorübergehende Arbeitsverhinderung ohne Verschulden des Arbeitnehmers. Für nicht tarifgebundene Arbeitnehmer gilt § 616 BGB: »Der zur Dienstleistung Verpflichtete wird des Anspruchs auf die Vergütung nicht dadurch verlustig, dass er für eine verhältnismäßig nicht erhebliche Zeit durch einen in seiner Person liegenden Grund ohne sein Verschulden an der Dienstleistung verhindert wird.« Ist eine Pflegekraft für ein Vorstellungsgespräch ein bis zwei Stunden unterwegs, so fällt dies noch unter den Begriff »verhältnismäßig nicht erhebliche Zeit«. Unternimmt sie jedoch eine Reise von mehreren hundert Kilometern und bleibt sie wegen ungünstiger Verkehrsverbindung deshalb zwei Tage vom Arbeitsplatz fern, muss der Arbeitgeber überhaupt keine Entgeltfortzahlung leisten, also auch nicht für eine Zeit, die noch verhältnismäßig wäre (BAG 20.07.1977 AP Nr. 47 zu § 616 BGB).

§ 616 BGB zählt nicht zum zwingenden Arbeitnehmerschutzrecht. Der Anspruch aus § 616 BGB kann durch Arbeitsvertrag, Betriebsvereinbarung oder Tarifvertrag ausgeschlossen oder eingeschränkt werden. Zur Klärung der Rechtslage ist also ein Blick in den Arbeitsvertrag und in eventuelle Betriebsvereinbarungen erforderlich.

§ 29 TVöD zählt einzelne Fälle auf, bei deren Vorliegen der Beschäftigte eine jeweils festgelegte Höchstdauer von der Arbeit fernbleiben darf, ohne seinen Anspruch auf Vergütung zu verlieren. Die Freistellung zur Stellensuche ist in § 29 TVöD nicht erwähnt. Folglich gibt es im Geltungsbereich des TVöD keine Entgeltfortzahlung für die Zeit eines Vorstellungsgespräches bei einem anderen Arbeitgeber.

Frage 3: **Welche Fragen sind im Vorstellungsgespräch zulässig?**

Jeder Arbeitgeber möchte das Risiko, das mit der Einstellung verbunden ist, möglichst gering halten und deshalb im Vorfeld möglichst viel über einen Bewerber erfahren. Fragen im Vorstellungsgespräch und auf formularmäßigen Personalfragebögen gehen aber oft über das hinaus, was rechtlich zulässig ist. Bewerberinnen und Bewerber fühlen sich dadurch oft verunsichert. Nach der Rechtsprechung gilt: Es sind nur solche Fragen zulässig, die in einem konkreten Bezug zum Arbeitsplatz stehen und für den Arbeitgeber von schützenswertem Interesse sind. Nur diese Fragen muss der Bewerber wahrheitsgemäß beantworten. Lügt ein Bewerber auf eine zulässige Frage des Arbeitgebers, riskiert er die Anfechtung des Arbeitsvertrages.

Uneingeschränkt zulässig sind alle Fragen, die mit dem beruflichen Werdegang eines Bewerbers zusammenhängen. Zulässig sind weiterhin: Fragen nach Wettbewerbsverboten, nach weiteren Arbeitsverhältnissen, nach der Staatsangehörigkeit, gegebenenfalls nach Aufenthaltstitel oder Aufenthaltserlaubnis, im ambulanten Pflegebereich auch die Frage nach der Fahrerlaubnis und einem eventuell bestehenden Fahrverbot.

Auf gesundheitlichem Bereich ist die Frage zulässig, ob in absehbarer Zeit nach Arbeitsantritt mit einer längeren Arbeitsunfähigkeit gerechnet werden muss, z. B. wegen einer geplanten Operation. Zulässig ist auch die Frage nach einer Alkoholkrankheit und nach einer Erkrankung an Aids. Ob die Frage nach einer HIV-Infektion zulässig ist, hängt davon ab, ob Ansteckungsgefahr besteht. Die Frage ist an Bewerber für den OP zulässig. Ob die Frage nach einer HIV-Infektion gegenüber allen Pflegekräften zulässig ist, ist umstritten.

Frage 4: Welche Fragen sind im Vorstellungsgespräch unzulässig?

Unzulässig sind alle Fragen nach persönlichen Lebensverhältnissen, nach dem Familienstand, Heiratsplänen und Kinderwunsch. Seit Inkrafttreten des Allgemeinen Gleichbehandlungsgesetzes am 18.8.2006 ist sogar die Frage nach dem Geburtsdatum bzw. nach dem Alter eines Bewerbers unzulässig, da sie ein Indiz für eine Benachteiligung wegen des Alters darstellt.

Unzulässig im Vorstellungsgespräch sind auch die Fragen nach dem allgemeinen Gesundheitszustand, nach überstandenen Operationen, überwundenen Alkoholproblemen und nach der Mitgliedschaft in einer Gewerkschaft.

Info

Die Frage nach der Schwangerschaft ist inzwischen ohne Ausnahme unzulässig, weil sie ein Indiz für eine unmittelbare Benachteiligung wegen des Geschlechts im Sinn des § 1 AGG darstellt (siehe § 3 Abs. 1 Satz 2 AGG). Deshalb ist die Frage nach der Schwangerschaft auch unzulässig, wenn sich eine schwangere Bewerberin auf eine befristete Stelle als Schwangerschaftsvertretung bewirbt (LAG Köln 11.10.2012 - 6 Sa 641/12).

Frage 5: Unter welchen Voraussetzungen dürfen kirchliche Arbeitgeber eine Religionszugehörigkeit als Einstellungskriterium verlangen?

Nach § 1 AGG ist es Ziel des Allgemeinen Gleichbehandlungsgesetzes, Benachteiligungen wegen der ethnischen Herkunft, des Geschlechts, der Religion oder Weltanschauung, einer Behinderung, des Alters oder der sexuellen Identität zu verhindern oder zu beseitigen.

Ein Verstoß gegen das Benachteiligungsverbot verpflichtet den Arbeitgeber nach § 15 AGG zu Schadensersatz bzw. Entschädigung. Das Allgemeine Gleichbehandlungsgesetz enthält jedoch auch Vorschriften, die eine unterschiedliche Behandlung wegen der in § 1 AGG genannten Gründe erlauben. Im Hinblick auf die unterschiedliche Behandlung wegen der Religion erlaubt § 9 AGG eine Bevorzugung von Kirchenmitgliedern, wenn die Kirche die Kirchenzugehörigkeit im Hinblick auf ihr Selbstbestimmungsrecht verlangt. Dies würde bedeuten, dass ein kirchlicher Arbeitgeber selbst darüber entscheiden kann, ob eine bestimmte berufliche Position von einem Kirchenmitglied besetzt werden muss. Konfessionslose Bewerber oder Bewerber anderer Religionszugehörigkeit könnten dann also allein aufgrund ihrer Religion abgelehnt werden.

Nun ist es so, dass das Allgemeine Gleichbehandlungsgesetz auf Europarecht beruht, und zwar auf der Antidiskriminierungs-Richtlinie (genauer des Art. 4 Abs. 2 Richtlinie 2000/78/EG). Für die Auslegung von Europarecht ist der Europäische Gerichtshof zuständig. Gerichtsverfahren, bei denen die Auslegung von Europarecht verfahrensentscheidend ist, müssen, wenn Unklarheiten bestehen, dem Europäischen Gerichtshof vorgelegt werden, damit dieser die Auslegungsfrage klärt.

Nach Art. 4 Abs. 2 Richtlinie 2000/78/EG ist eine Ungleichbehandlung wegen der Religion nur erlaubt, wenn die Religionszugehörigkeit einer Person nach Art der Tätigkeit eine wesentliche, rechtmäßige und gerechtfertigte berufliche Anforderung darstellt. Damit sind die Kriterien, Stellenbewerber wegen ihrer Religion ungleich zu behandeln, nach Europarecht strenger als § 9 AGG es im deutschen Recht erlaubt. Nach deutschem Recht kann die Kirche aufgrund ihres Selbstbestimmungsrechts entscheiden, ob eine bestimmte berufliche Position von einem Kirchenmitglied besetzt werden muss.

Info
Am 17.04.2018 hat der Europäische Gerichtshof ein Grundsatzurteil gefällt, nach dem die bisherige, in Deutschland praktizierte Rechtslage zur Berücksichtigung der Religionszugehörigkeit als Einstellungsvoraussetzung in dieser Weise nicht aufrechterhalten werden darf (C-404/16 Egenberger).

Bei dem Rechtsstreit ging es um die Ausschreibung einer Referentenstelle zur Berichterstattung über die Umsetzung der UN-Antirassismuskonvention bei einer diakonischen Einrichtung. Der Arbeitgeber hatte eine Mitgliedschaft in der evangelischen Kirche als Einstellungsvoraussetzung verlangt. Eine konfessionslose Sozialpädagogin hatte sich vergeblich auf die Stelle beworben und hatte Entschädigung verlangt, weil sie sich diskriminiert fühlte. Das BAG hatte den Fall dem EuGH vorgelegt (BAG 17.03.2016, 8 AZR 501/14).

Der Europäische Gerichtshof entschied, kirchliche Arbeitgeber dürften nicht selbst entscheiden, bei welchen Stellen die Religionszugehörigkeit eine wesentliche, rechtmäßige und gerechtfertigte berufliche Anforderung sei. Erforderlich sei vielmehr, so der EuGH, dass sich die Religionszugehörigkeit aufgrund objektiver Tatsachen als rechtmäßig erweise. Mit Urteil vom 25.10.2018 (8AZR 501/14) sprach das Bundesarbeitsgericht der Sozialpädagogin eine Diskriminierungs-Entschädigung in Höhe von zwei Monatsgehältern zu. Die Anforderung aus der Stellenausschreibung, für die Referentenstelle sei die Mitgliedschaft in der evangelischen Kirche erforderlich, war nicht gerechtfertigt.

Frage 6: **Welche durch ein Vorstellungsgespräch verursachten Kosten werden einer Bewerberin von dem Arbeitgeber, bei dem sie sich beworben hat, erstattet?**

Die Kosten für ein Vorstellungsgespräch können durchaus mehrere hundert Euro betragen, vor allem, wenn der Wohnort des Bewerbers und der Ort, an dem das Vorstellungsgespräch stattfindet, so weit auseinander liegen, dass eine Übernachtung erforderlich ist. Manchmal rufen Bewerberinnen und Bewerber, die zum Vorstellungsgespräch eingeladen wurden, im Personalbüro an und fragen, ob die Fahrtkosten übernommen werden. Die Art und Weise, wie ein Arbeitgeber mit dieser Frage umgeht, verrät bereits sehr viel über seine »Firmenphilosophie«.

Reist ein Bewerber, der eine Stellenanzeige gelesen hat, aus eigenem Antrieb und ohne Aufforderung der Personalabteilung oder des Arbeitgebers an, um sich persönlich vorzustellen, tut er dies auf eigenes finanzielles Risiko. Einen Ersatz seiner Kosten kann er nicht verlangen.

Wurde ein Bewerber jedoch zum Vorstellungsgespräch eingeladen, steht ihm – jedenfalls grundsätzlich, zur Ausnahme später – ein Anspruch auf Ersatz der Vorstellungskosten zu. Der Anspruch auf Erstattung der Vorstellungskosten entsteht unabhängig davon, ob es nach dem Gespräch zu einer Einstellung kommt oder nicht.

Info

Der Erstattungsanspruch besteht nicht nur dann, wenn die Aufforderung vom Arbeitgeber ausging; es genügt, dass der Arbeitgeber mit dem Vorschlag des Bewerbers, er würde sich gern persönlich vorstellen, einverstanden ist (LAG Nürnberg 25.7.1995 – 2 Sa 73/94 LAGE BGB § 670 Nr. 12 [Steuerpauschale für Dienstreisen].

Rechtsgrundlage für den Erstattungsanspruch ist eine Vorschrift aus dem Auftragsrecht: § 670 BGB. Darin heißt es unter der Überschrift »Ersatz von Aufwendungen«: »Macht der Beauftragte zum Zweck der Ausführung des Auftrags Aufwendungen, die er den Umständen nach für erforderlich halten darf, so ist der Auftraggeber zum Ersatz verpflichtet.« Aus juristischer Sicht ist die »Einladung« zum Vorstellungsgespräch also ein Auftrag des Arbeitgebers an den Bewerber, dessen Kosten der Arbeitgeber zu übernehmen hat. Der Arbeitgeber muss jedoch nicht alle Kosten des Bewerbers übernehmen, sondern nur die, die er »nach den Umständen für erforderlich halten darf«.

Zu der Frage, welche Posten dies im Einzelnen sind und in welcher Höhe sie ersatzfähig sind, liegen verschiedene Gerichtsentscheidungen vor:

- Ob der Arbeitgeber bei einer Anreise mit dem Zug die Fahrtkosten der ersten oder der zweiten Wagenklasse ersetzen muss, hängt von der Höhe der Vergütung für die zu besetzende Stelle ab (ArbG Hamburg 02.11.1994 NZA 1995, S. 428) Führungskräfte sollten dies vor der Buchung ihrer Fahrkarte abklären, um Missverständnisse zu vermeiden.
- Reist der Bewerber mit dem eigenen Auto an, muss der Arbeitgeber die steuerliche Pauschale ersetzen (LAG Nürnberg 25.7.1995 – 2 Sa 73/94 LAGE BGB § 670 Nr. 12 [Steuerpauschale für Dienstreisen]).
- Die Anreise mit dem Flugzeug kann günstiger sein als die Anreise mit Auto oder Bahn. Dennoch sollte hier eine Absprache vorab erfolgen (ArbG Hamburg 02.11.1994 NZA 1995, S. 428).
- Die Kosten für eine Übernachtung kann der Bewerber nur dann verlangen, wenn ihm eine An- und Abreise am gleichen Tag nicht zugemutet werden kann. Dies hängt von der zeitlichen Lage des Vorstellungstermins und von der Verkehrsverbindung ab.

Im Idealfall fordert der Arbeitgeber die Bewerberin nach dem Vorstellungsgespräch aus eigener Initiative auf, Angaben zu den Vorstellungskosten zu machen und diese zu belegen. Der ideale Arbeitgeber wird den entsprechenden Betrag innerhalb einer angemessenen Zeitspanne (höchstens drei Wochen) überweisen.

Der Arbeitgeber kann den Anspruch auf Erstattung der Vorstellungskosten aber auch ausschließen oder eingrenzen. Dies muss er jedoch eindeutig, klar verständlich und spätestens mit der Einladung zum Vorstellungsgespräch tun (ArbG Kempten 12.04.1994 BB 1994, S. 1540). Beim Eintreffen des Bewerbers ist es für einen Ausschluss oder eine Begrenzung der Kosten zu spät. Üblicherweise werden in der Einladung zum Vorstellungsgespräch die Kosten für die Anreise mit dem eigenen Auto auf die Kosten für öffentliche Verkehrsmittel der zweiten Klasse begrenzt.

Frage 7: Welche Auswirkungen hat die Vereinbarung einer Probezeit im Arbeitsvertrag?

Im Unterschied zu Berufsausbildungsverhältnissen, in denen eine Probezeit nach § 13 BBiG gesetzlich vorgeschrieben ist, gilt in Arbeitsverhältnissen eine Probezeit nur dann, wenn sie vereinbart wurde. Während der Probezeit eines Berufsausbildungsverhältnisses kann das Ausbildungsverhältnis von der Schule und vom Auszubildenden jederzeit ohne Einhaltung einer Frist gekündigt werden.

Der Begriff der Probezeit wird im allgemeinen Sprachgebrauch meist mit der Zeit gleichgesetzt, in dem das Arbeitsverhältnis vonseiten des Arbeitgebers gekündigt werden kann, ohne dass der Arbeitnehmer den Schutz des Kündigungsschutzgesetzes beanspruchen kann. Diese Art der »Probezeit« gilt jedoch unabhängig davon, ob sie im Arbeitsvertrag vereinbart ist. Der Schutz des Kündigungsschutzgesetzes gilt nämlich unabhängig davon, ob dies vertraglich vereinbart ist oder nicht, erst nach sechs Monaten Beschäftigungszeit. Das Kündigungsschutzgesetz gilt jedoch nicht in jedem Betrieb: Vom Geltungsbereich ausgenommen sind Kleinbetriebe im Sinn des § 23 KSchG. Eine Einschränkung, die vor allem Mitarbeiter in kleineren ambulanten Pflegediensten betrifft (Einzelheiten zu dem seit 01.01.2004 kompliziert gewordenen Begriff des »Kleinbetriebs« ▶ Frage 89: Unter welchen Voraussetzungen ist das Kündigungsschutzgesetz auf ein Arbeitsverhältnis anwendbar?).

In den meisten Fällen wird eine Probezeit im Arbeitsvertrag in Form eines unbefristeten Arbeitsvertrages mit anfänglicher Probezeit vereinbart. Die Vereinbarung der Probezeit (üblicherweise mit der Formulierung: »Die ersten sechs Monate des Arbeitsverhältnisses gelten als Probezeit.«) wirkt sich dann nur auf die Dauer der Kündigungsfrist während der Probezeit aus. Nach § 622 Abs. 3 BGB kann während einer vereinbarten Probezeit, längstens für die Dauer von sechs Monaten, das Arbeitsverhältnis mit einer Frist von zwei Wochen gekündigt werden. Ohne die Vereinbarung einer Probezeit richtet sich die Kündigungsfrist nach § 622 Abs. 1 BGB: Danach beträgt die Kündigungsfrist vier Wochen zum Fünfzehnten oder zum Ende eines Kalendermonats.

2 Rechte und Pflichten aus dem Arbeitsverhältnis

Frage 8: **Darf der Arbeitgeber einen Arbeitnehmer abmahnen, wenn der Arbeitnehmer eine Gefährdungsanzeige (Überlastungsanzeige) erstattet, obwohl aus Arbeitgebersicht eine Gefahrenlage weder bestand noch drohte?**

Nein. § 16 Absatz 1 Arbeitsschutzgesetz verpflichtet Arbeitnehmer, dem Arbeitgeber oder dem zuständigen Vorgesetzten jede von ihnen festgestellte unmittelbare erhebliche Gefahr für die Sicherheit und Gesundheit unverzüglich zu melden. Arbeitnehmer sind berechtigt, aufgrund ihrer subjektiven Einschätzung eine Gefahrenanzeige (Überlastungsanzeige) aufzugeben. Andernfalls könnte die Sorge vor einer negativen Reaktion des Arbeitgebers in Form einer Abmahnung die Arbeitnehmer davon abhalten, eine Gefahrenanzeige abzugeben. Dies würde dem Gesetzeszweck widersprechen.

Dies entschied das Arbeitsgericht Göttingen in einem Fall, in dem eine Gesundheits- und Krankenpflegerin eine Gefährdungsanzeige verfasste, weil sie vertretungsweise mit einer Auszubildenden auf einer Station, die in der Regel mit zwei examinierten Fachkräften besetzt ist, eingesetzt wurde. Die Arbeitgeberseite erteilte eine Abmahnung, mit der Begründung, objektiv habe keine Gefährdungssituation vorgelegen.

Das Arbeitsgericht Göttingen (14.12.2017, 2 Ca 155/17) gab der Pflegekraft Recht. Das Landesarbeitsgericht Niedersachsen hat die Berufung der Klinik gegen das erstinstanzliche Urteil mit Urteil vom 12.09.2018 (14 Sa 140/18) zurückgewiesen. Die Entscheidung des Arbeitsgerichts Göttingen ist damit rechtskräftig.

Frage 9: Inwieweit darf eine Gesundheits- und Krankenpflegerin, die in einem Krankenhaus arbeitet, eine Nebentätigkeit ausüben?

Grundsätzlich hat jeder Arbeitnehmer das Recht, an mehreren Arbeitsplätzen erwerbstätig zu sein, ohne seinen Arbeitgeber über die Aufnahme einer weiteren Tätigkeit informieren zu müssen. Dies ergibt sich aus dem Grundrecht auf freie Berufsausübung in Artikel 12 Grundgesetz. Eine Klausel im Arbeitsvertrag, nach der der Arbeitnehmer seinen Arbeitgeber über eine geplante Nebentätigkeit zu informieren hat, ist zulässig. Nach § 3 Abs. 3 TVöD sind Beschäftigte im öffentlichen Dienst verpflichtet, ihrem Arbeitgeber eine Nebentätigkeit gegen Entgelt vorher rechtzeitig anzuzeigen.

Das Recht auf Nebentätigkeit unterliegt folgenden Schranken:

- Die Grenzen des Arbeitszeitgesetzes müssen eingehalten werden, vor allem die Vorgaben zur maximal zulässigen Arbeitszeit und zur Ruhezeit. Nach § 3 ArbZG darf die werktägliche Arbeitszeit der Arbeitnehmer acht Stunden nicht überschreiten. Sie kann auf bis zu zehn Stunden verlängert werden, wenn innerhalb von sechs Kalendermonaten oder innerhalb von 24 Wochen im Durchschnitt acht Stunden werktäglich nicht überschritten werden. Arbeitszeiten bei mehreren Arbeitgebern sind für die Berechnung der zulässigen Arbeitszeit zusammenzurechnen. (▶ Frage 26: Welche rechtlichen Vorgaben gibt es zur Ruhezeit?)
  Die Arbeitnehmer-Schutzvorschriften im Arbeitszeitgesetz gelten jedoch nicht für Tätigkeiten, die selbstständig ausgeübt werden, also z. B. dann nicht, wenn eine in einem Krankenhaus angestellte Pflegekraft zusätzlich im Rahmen eines freien Dienstverhältnisses arbeitet.
- Durch die Nebentätigkeit dürfen keine berechtigten Interessen des Arbeitgebers beeinträchtigt werden. Eine Konkurrenztätigkeit ist deshalb nicht erlaubt. Eine in einem Krankenhaus tätige Pflegekraft darf deshalb keine Nebentätigkeit als Pflegekraft in einem anderen Krankenhaus annehmen. Sie darf aber beispielsweise in einem Seniorenheim arbeiten.
- Berechtigte Interessen des Arbeitgebers sind auch dann beeinträchtigt, wenn sich die Nebentätigkeit seines Mitarbeiters negativ auf die Wahrnehmung des Arbeitgebers in der Öffentlichkeit auswirkt.

In dem Fall, der einem Urteil des Bundesarbeitsgerichts zugrunde lag, arbeitete ein Krankenpfleger, der in einem Krankenhaus im Funktionsbereich Anästhesie beschäftigt war, nebenberuflich als Leichenbestatter in einem Bestattungsinstitut. Dabei führte er Trauergespräche, Einsargungen und Überführungen aus. Sein Antrag auf Genehmigung seiner Nebentätigkeit im Umfang von fünf Wochenstunden wurde vom Arbeitgeber abgelehnt – zu Recht, wie das Bundesarbeitsgericht entschied (BAG 28.2.02002 – 6 AZR 357/01).
Das Gericht erläuterte, warum die Nebentätigkeit als Leichenbestatter mit der Tätigkeit als Krankenpfleger nicht vereinbar sei: Als Krankenpfleger habe der Kläger für die Erhaltung von Leben und Gesundheit seiner Patienten Sorge zu tragen. Die Tätigkeit als Leichenbestatter setze dagegen den Tod der Menschen voraus. Die Nebentätigkeit als Leichenbestatter sei dazu geeignet, bei Patienten Irritationen hervorzurufen. Diese Verunsicherung könnte zu Störungen im Genesungsverlauf der Patienten führen und darüber hinaus dazu führen, dass Patienten von vornherein das Krankenhaus, in dem der Kläger tätig sei, meiden.

Frage 10: **Welche Rechtsgrundsätze gelten für die private Internetnutzung am Arbeitsplatz?**

Das Bundesarbeitsgericht hat in einer Grundsatzentscheidung vom 07.07.2005 (2 AZR 581/04) folgende Grundsätze für die private Internetnutzung am Arbeitsplatz aufgestellt: Wenn die Internetnutzung vom Arbeitgeber nicht ausdrücklich erlaubt oder geduldet wird, ist sie grundsätzlich verboten Als Rechtsgrundlagen für eine erlaubte Privatnutzung des Internets kommen in Betracht:

- In Betrieben bzw. Dienststellen mit Mitarbeitervertretung:
  Eine Betriebsvereinbarung bzw. Dienstvereinbarung (empfehlenswert).
- In Betrieben ohne Betriebsrat: Eine einseitige, vom Arbeitgeber erlassene Nutzungsbestimmung

Wenn keine ausdrücklichen betrieblichen Verbote zur privaten Internetnutzung existieren, könne, so das Bundesarbeitsgericht, allenfalls eine kurzfristige private Nutzung des Internets während der Arbeitszeit allgemein gerade noch als hinnehmbar angesehen werden.

Info

Bei einer vom Arbeitgeber nicht gestatteten privaten Internetnutzung während der Arbeitszeit verletzt der Arbeitnehmer grundsätzlich seine Pflicht zur Arbeit.

Diese Grundsätze gelten entsprechend für private Telefonate vom Diensttelefon, vom privaten Smartphone oder Handy.

Frage 11: Eine Pflegekraft fühlt sich von einem Kollegen am Arbeitsplatz sexuell belästigt. Welche Rechte hat sie?

Seit 18.08.2006 richtet sich die Rechtslage bei sexueller Belästigung am Arbeitsplatz nach dem Allgemeinen Gleichbehandlungsgesetz. Dieses Gesetz greift nicht nur bei sexueller Belästigung. Nach § 1 AGG ist vielmehr Ziel des Gesetzes, Benachteiligungen aus Gründen der Rasse oder wegen ethnischer Herkunft, des Geschlechts, der Religion oder Weltanschauung, einer Behinderung, des Alters oder der sexuellen Identität zu verhindern oder zu beseitigen.
Fühlt sich eine Pflegekraft von einem Kollegen, von Vorgesetzten oder vom Arbeitgeber selbst am Arbeitsplatz sexuell belästigt, hat sie nach § 13 AGG zunächst das Recht, sich bei einer dafür zuständigen Stelle im Betrieb darüber zu beschweren. Es gehört zu den Pflichten jedes Arbeitgebers, eine Beschwerdestelle in Form mindestens einer Ansprechperson einzurichten, die für die Einhaltung des Allgemeinen Gleichbehandlungsgesetzes zuständig ist, und seinen Beschäftigten diese Stelle zu nennen sowie wann und wie sie erreichbar ist. Die Beschwerdestelle hat jede gemeldete Benachteiligung zu prüfen, also die Person, die sich beschwert hat, anzuhören, gegebenenfalls Zeugen eines Vorfalls oder weitere Betroffene anzuhören. Sie hat auch der Person, gegen die sich die Beschwerde richtet, Gelegenheit zur Stellungnahme zu geben, wobei eine Aussage nicht erzwungen werden darf.

Nach § 7 Abs. 3 AGG stellt die sexuelle Belästigung am Arbeitsplatz – wie jede andere Benachteiligung nach dem AGG – eine Verletzung der arbeitsvertraglichen Pflichten dar. Hält der Arbeitgeber eine Beschwerde für berechtigt, ist er verpflichtet, gegenüber der Person, von der die Benachteiligung ausgeht, die im Einzelfall geeigneten, erforderlichen und angemessenen Maßnahmen zur Unterbindung der Benachteiligung zu ergreifen (§ 12 Abs. 3 AGG).

In Betracht kommen folgende Maßnahmen:
- Ermahnung oder Abmahnung
- Umsetzung oder Versetzung
- Kündigung
- teilweises Hausverbot

Das Ergebnis der Beschwerde muss dem beschwerdeführenden Beschäftigten mitgeteilt werden (siehe § 13 Abs. 1 Satz 2 AGG).

Frage 12: Darf eine Pflegekraft von einem Patienten Geschenke annehmen?

Ganz konkret: Darf eine Pflegekraft z. B. Folgendes annehmen:
- einen selbst gebastelten Weihnachtsstern,
- eine Einladung zum Essen oder
- 50 Euro?

Wenn Patienten Pflegenden Geschenke anbieten oder zustecken, besteht die Gefahr, dass sich Pflegekräfte dadurch manipulieren lassen und dem betreffenden Patienten mehr Aufmerksamkeit zukommen lassen als andern, von denen sie keine Geschenke erhalten. Die Patienten könnten sich deshalb verpflichtet fühlen, den Pflegekräften Geschenke zu machen, und Patienten, die sich diese Geschenke nicht leisten können, wären dann in Gefahr, ihre Gesundheit zu gefährden. Eine korrekte Diensterfüllung wäre nicht mehr möglich.

Patienten haben einen Rechtsanspruch auf die Arbeit der Pflegekräfte. Deshalb ist die Annahme von Vergünstigungen grundsätzlich verboten. Dies gilt unabhängig davon, ob es im Arbeitsvertrag ausdrücklich vereinbart ist, denn das Verbot der Annahme von Schmiergeldern ist eine gesetzliche Nebenpflicht des Arbeitnehmers aus dem Arbeitsvertrag.

Info

Nach § 3 Absatz 2 TVöD dürfen Beschäftigte Belohnungen, Geschenke, Provisionen oder sonstige Vergünstigungen in Bezug auf ihre Tätigkeit nur mit Zustimmung des Arbeitgebers annehmen. Jedes Angebot derartiger Vergünstigungen muss unverzüglich dem Arbeitgeber angezeigt werden.

Die Rechtsprechung (BAG 17.06.2003 – 2 AZR 62/02) nimmt so genannten »Aufmerksamkeiten« aus dem Begriff des »Geschenkes« heraus. Ohne Genehmigung des Arbeitgebers dürfe eine Pflegekraft kleinere Aufmerksamkeiten, die den Rahmen sozial üblicher Dankbarkeitsgesten nicht verlassen und deren Zurückweisung als Unhöflichkeit oder Pedanterie erschiene, annehmen. Genaue Angaben, bis zu welcher Euro-Wertgrenze man von Aufmerksamkeiten spricht, finden sich in der Rechtsprechung nicht. Man wird im Einzelfall abwägen müssen.

Der selbst gebastelte Weihnachtsstern fällt sicherlich in die Kategorie »Aufmerksamkeit«. Die Einladung zum Essen und das Angebot von 50 Euro müssen jedoch dem Arbeitgeber gemeldet werden. Diese Angebote darf eine Pflegekraft nur annehmen, wenn der Arbeitgeber zustimmt.

Frage 13: Die PDL hat einen Vorfall, der ungünstig für eine Pflegekraft ist, in die Personalakte eingetragen. Was kann die betroffene Pflegekraft, die eine andere Sicht auf den Vorfall hat, tun?

Jeder Arbeitnehmer hat ein Recht auf Einsicht in seine vollständige Personalakte. Geheime Personalakten darf der Arbeitgeber nicht führen. Das Recht auf Einsichtnahme besteht jederzeit und unabhängig von einem Anlass, es ergibt sich für Arbeitnehmer der Privatwirtschaft aus § 83 Abs. 1 BetrVG und für Beschäftigte im öffentlichen Dienst aus § 3 Abs. 5 TVöD. Etwaige kodierte Angaben muss der Arbeitgeber entschlüsseln, sodass sie für den Arbeitnehmer verständlich sind. Der Arbeitnehmer darf seine Personalakte zwar nicht mit nach Hause nehmen, darf aber auf eigene Kosten Kopien anfertigen.

Info

Nach § 83 Abs. 2 BetrVG hat der Arbeitnehmer das Recht, eigene Erklärungen dem Inhalt der Personalakte hinzuzufügen.

Das Bundesarbeitsgericht hat seit langem anerkannt, dass sich aus der Fürsorgepflicht des Arbeitgebers und aus dem Persönlichkeitsrecht des Arbeitnehmers der Anspruch des Arbeitnehmers ergibt, unrichtige Angaben aus der Personalakte zu entfernen (BAG 25.11.1985, NZA 1986, S. 227). Ist eine Angabe zu einem Vorgang, z. B. in einer Abmahnung, nur teilweise unzutreffend, kann der Arbeitnehmer die Entfernung des gesamten Vorgangs aus der Personalakte verlangen. Weigert sich der Arbeitgeber, kann der Arbeitnehmer seinen Anspruch beim Arbeitsgericht geltend machen und auf diese Weise durchsetzen.

Frage 14: Darf der Arbeitgeber einen Arbeitnehmer im laufenden Arbeitsvertrag zu einer routinemäßigen Blutuntersuchung zur Klärung einer Alkohol- oder Drogensucht verpflichten?

Nein. So entschied das Bundesarbeitsgericht (BAG 12.08.1999 – 2 AZR 55/99 BB 1999, S. 2564) in einem Fall, in dem der Arbeitgeber vom Arbeitnehmer, einem bewaffneten zivilen Wachmann, ohne besonderen Anlass bei einer tarifvertraglich geregelten Untersuchung die Entnahme von Blut forderte, um einen etwaigen Alkohol- oder Drogenmissbrauch zu überprüfen. Der

Wachmann weigerte sich, worauf er die ordentliche Kündigung erhielt. Der Wachmann erhob Kündigungsschutzklage.

Nach Ansicht des Bundesarbeitsgerichts war die Kündigung sozial nicht gerechtfertigt (im Sinn des § 1 Abs. 2 KSchG) und damit rechtsunwirksam. Das Gericht stellte fest, dass der Wachmann weder aus Gesetz noch aus dem einschlägigen Tarifvertrag oder aus seinem Arbeitsvertrag zu einer Blutuntersuchung verpflichtet war. Im konkreten Fall ergab sich die Verpflichtung zur Mitwirkung bei einer Blutuntersuchung auch nicht aus der allgemeinen Treuepflicht des Arbeitnehmers. Zwar habe der Arbeitgeber an sich ein berechtigtes Interesse, nur solche Arbeitnehmer zu beschäftigen, die nicht infolge Alkohol- oder Drogenmissbrauchs im Betrieb eine Gefahr für sich und andere darstellen. Andererseits stellt eine ärztliche Untersuchung des Arbeitnehmers mit daran anschließender Offenbarung personenbezogener Daten durch den Arzt an den Arbeitgeber einen Eingriff in die Intimsphäre des Arbeitnehmers dar. Diese ist durch das Allgemeine Persönlichkeitsrecht (Artikel 1 Abs. 1 Grundgesetz in Verbindung mit Artikel 2 Abs. 1 Grundgesetz) verfassungsrechtlich geschützt.

Das Allgemeine Persönlichkeitsrecht schützt regelmäßig vor der Erhebung und Weitergabe von Befunden über den Gesundheitszustand, die seelische Verfassung und den Charakter des Arbeitnehmers. Der Schutz ist umso intensiver, je näher die Daten der Intimsphäre des Betroffenen stehen. Die Abwägung zwischen den Interessen des Arbeitnehmers und des Arbeitgebers führen dazu, dass dem Interesse des Arbeitnehmers nur dann hinreichend Rechnung getragen wird, wenn eine Blutuntersuchung zur Klärung eines Alkohol- oder Drogenmissbrauchs nur dann vorgenommen wird, wenn aufgrund hinreichender tatsächlicher Feststellungen die Besorgnis besteht, bei dem betreffenden Arbeitnehmer könne eine Alkohol- oder Drogenabhängigkeit vorliegen. Eine solche Besorgnis lag in dem geschilderten Fall nicht vor. Deshalb war die Aufforderung an den Wachmann unzulässig. Dieser durfte die Blutentnahme verweigern, ohne seine Pflichten aus dem Arbeitsvertrag zu verletzen.

Frage 15: Ist die Krankenhausleitung berechtigt, bei gehäuftem Auftreten von Diebstählen stichprobenartig einzelne Pflegekräfte bei Verlassen des Krankenhauses einer Taschenkontrolle zu unterziehen?

Ja. Taschenkontrollen zur Aufdeckung und zur Verhinderung von Diebstählen sind zulässig. Allerdings bedarf die Maßnahme der Mitbestimmung des Betriebsrats nach § 87 Abs. 1 Nr. 1 BetrVG (BAG 12.08.1999 – 2 AZR 923/98 NZA 2000, S. 421). Mitbestimmung nach § 87 Abs. 1 BetrVG bedeutet, dass sich Arbeitgeber und Betriebsrat auf die konkrete Durchführung der Maßnahme einigen müssen.

Beispielsweise könnte an jedem Tag eine andere Station des Krankenhauses kontrolliert und die jeweilige Station durch Losverfahren bestimmt werden. Auf dem Bereich des Mitbestimmungsrechts nach § 87 Abs. 1 BetrVG besteht ein Einigungszwang: Der Arbeitgeber kann Maßnahmen nur im Einvernehmen mit dem Betriebsrat treffen. Kommt eine Einigung nicht zustande, entscheidet die Einigungsstelle (siehe § 87 Abs. 2 BetrVG). Die Einigungsstelle besteht aus einer gleichen Zahl von Personen, die vom Arbeitgeber und vom Betriebsrat bestellt werden, und einem unparteiischen Vorsitzenden, auf den sich beide Seiten einigen müssen (siehe § 76 Abs. 2 S. 1 BetrVG).

Frage 16: Darf die Inhaberin eines ambulanten Pflegedienstes ihre Mitarbeiterinnen durch Detektive überwachen lassen, um herauszufinden, ob sie während ihrer Arbeitszeit private Besorgungen machen?

Der Einsatz von Detektiven zur Überwachung von Arbeitnehmern bei der Erfüllung ihrer Arbeitspflicht ist zulässig, setzt jedoch konkrete Verdachtsmomente für einen Arbeitszeitbetrug voraus (LAG Rheinland-Pfalz 27.04.2017, 5 Sa 449/16).

Die Überwachung des Arbeitsverhaltens eines Arbeitnehmers durch Detektive unterliegt nicht der Mitbestimmung des Betriebsrats, weil der Mitbestimmungstatbestand des § 87 Abs. 1 Nr. 1 BetrVG nur eine Mitbestimmung hinsichtlich der Ordnung des Betriebes festlegt und nicht hinsichtlich des Arbeitsverhaltens der Arbeitnehmer (BAG 26.03.1991 – 1 ABR 26/90 BB 1991, S. 691). Der Einsatz von Detektiven hat hier nur den Zweck, festzustellen, ob sich Arbeitnehmer bei Erbringung ihrer Arbeitsleistung so verhalten, wie sie aufgrund ihres Arbeitsvertrages verpflichtet sind. Die Überwachung der Arbeitsleistung unterliegt nach § 87 Abs. 1 Nr. 6 BetrVG nur dann der Mitbestimmung des Betriebsrats, wenn sie mit Hilfe technischer Einrichtungen (z. B. Kameras) erfolgt.

Hat die Inhaberin des Pflegedienstes einen konkreten Verdacht, dass eine bestimmte Mitarbeiterin während der Arbeitszeit private Angelegenheiten erledigt, und beauftragt sie deshalb einen Detektiv, so muss die Pflegekraft die Kosten des Detektiveinsatzes bezahlen, wenn sie eines vertragswidrigen Verhaltens überführt wird (BAG 17.09.1998 – 8 AZR 5/97 BB 1998, S. 2475).

Frage 17: Darf der Arbeitgeber einen Arbeitnehmer wegen des Verdachtes einer vorgetäuschten Arbeitsunfähigkeit durch ein Detektivbüro beobachten lassen?

Ja, aber nur unter der Voraussetzung, dass der Verdacht auf konkreten Tatsachen beruht (BAG 19.02.2015 – 8 AZR 1007/13). Konkrete Verdachtsmomente für eine vorgetäuschte Arbeitsunfähigkeit liegen vor, wenn der Arbeitnehmer im Verlauf einer Auseinandersetzung ankündigt oder wenn der Arbeitnehmer während der Arbeitsunfähigkeit eine Tätigkeit verrichtet, die mit der krankheitsbedingten Arbeitsunfähigkeit nicht vereinbar ist. Liegt kein berechtigter Anlass für eine Observation durch eine Detektei vor, hat der zu Unrecht beschattete Arbeitnehmer einen Anspruch auf Schadensersatz (ebenfalls BAG 19.02.2015 – 8 AZR 1007/13).

3 Arbeitszeit, Ruhezeit, Pause, Dienstplan (und damit zusammenhängende Fragen)

Frage 18: Handelt es sich bei der Umkleidezeit einer Pflegekraft um vergütungspflichtige Arbeitszeit?

Als Umkleidezeit gilt die Zeit, die eine Pflegekraft benötigt, um die Dienstkleidung an- und abzulegen. Grundsätzlich handelt es sich dabei um vergütungspflichtige Arbeitszeit, es sei denn, der Tarifvertrag regelt etwas anderes.

Dies ist die Kurzfassung eines Urteils des Bundesarbeitsgerichts vom 06.09.2017 (5 AZR 382/16), mit dem das Gericht seine bisherige Rechtsprechung zur Vergütung von Umkleidezeiten weiterführt. Die Klage eingereicht hatte ein Krankenpfleger eines Kreiskrankenhauses, der von seinem Arbeitgeber 464,20 Euro verlangte, weil er an 100 Werktagen durchschnittlich zwölf Minuten pro Arbeitstag mit dem An- und Ablegen seiner Dienstkleidung verbracht hatte und diese Zeiten nicht vergütet wurden.

Das Bundesarbeitsgericht entwickelte folgende Grundsätze zur Vergütung der Umkleidezeiten: Beim An- und Ablegen einer besonders auffälligen Dienstkleidung handelt es sich um vergütungspflichtige Arbeit. Die Notwendigkeit des An- und Ablegens der Dienstkleidung und der damit verbundene Zeitaufwand des Arbeitnehmers – der auch das Aufsuchen der Umkleideräume erfasst – beruhen auf der Anweisung des Arbeitgebers zum Tragen der Dienstkleidung während der Arbeitszeit. Eine Dienstkleidung ist dann besonders auffällig, wenn der Arbeitnehmer aufgrund der Gestaltung der Dienstkleidung einem bestimmten Arbeitgeber oder einem bestimmten Berufszweig oder einer bestimmten Branche zugeordnet werden kann. An einer solchen Offenlegung der von ihm ausgeübten beruflichen Tätigkeit hat ein Arbeitnehmer kein objektiv feststellbares Eigeninteresse. Ein Kriterium, das die Arbeit von der Nicht-Arbeit unterscheidet, ist die Fremdnützigkeit.

Arbeit ist dadurch qualifiziert, dass sie fremdnützig ist, sie dient also jemand anderem als dem Arbeitnehmer. Das Ankleiden mit einer vorgeschriebenen Dienstkleidung ist nur dann nicht lediglich fremdnützig und damit keine Arbeitszeit, wenn sie zu Hause angelegt und – ohne besonders auffällig zu sein – auf dem Weg zur Arbeitsstätte getragen werden kann.

Frage 19: Wie lang darf eine Pflegekraft nach dem Arbeitszeitgesetz höchstens an einem Tag arbeiten?

Nach § 3 Satz 1 ArbZG darf die werktägliche Arbeitszeit der Arbeitnehmer acht Stunden täglich nicht überschreiten. Die Arbeitszeit im Sinn des Arbeitszeitgesetzes ist die Zeit vom Beginn bis zum Ende der Arbeit ohne die Ruhepausen; Arbeitszeiten bei mehreren Arbeitgebern sind zusammenzurechnen (§ 2 Abs. 1 Satz 1 ArbZG).

Von dem Grundsatz der Höchstarbeitszeit von acht Stunden pro Werktag gibt es drei Ausnahmen:

- Die Arbeitszeit kann auf bis zu zehn Stunden verlängert werden, wenn innerhalb von sechs Kalendermonaten oder innerhalb von 24 Wochen im Durchschnitt acht Stunden werktäglich nicht überschritten werden (§ 3 Abs. 1 Satz 2 ArbZG).
- Bei vorübergehenden Arbeiten in Notfällen und in außergewöhnlichen Fällen, die unabhängig vom Willen der Betroffenen eintreten und deren Folgen nicht auf andere Weise zu beseitigen sind, kann die Arbeitszeit nach § 14 Abs. 1 ArbZG auf länger als zehn Stunden werktäglich verlängert werden. Beispiel: Überschwemmung
- Bei unaufschiebbaren Arbeiten zur Behandlung, Pflege und Betreuung von Personen kann nach § 14 Abs. 2 Nr. 2 ArbZG ebenfalls von der Grundregel des § 3 ArbZG abgewichen werden, allerdings nur an einzelnen Tagen und nur, wenn dem Arbeitgeber andere Vorkehrungen nicht zugemutet werden können.

Mangelhafte Personalplanung ist kein Notfall!

Frage 20: Wie ist der Freizeitausgleich für die Arbeit an Sonn- und Feiertagen in privaten Krankenhäusern und in der ambulanten Pflege (außerhalb des TVöD) geregelt?

In privaten Krankenhäusern und in der ambulanten Pflege (außerhalb des TVöD) richtet sich der Freizeitausgleich für die Arbeit an Sonntagen nach § 11 ArbZG. Danach gilt:

- Mindestens 15 Sonntage im Jahr müssen beschäftigungsfrei bleiben (§ 11 Abs. 1 ArbZG).
- Als Ausgleich für die Arbeit an einem Sonntag wird Arbeitnehmern ein Ersatzruhetag gewährt, der innerhalb eines den Beschäftigungstag einschließenden Zeitraums von zwei Wochen liegen muss (§ 11 Abs. 3 Satz 1 ArbZG).

Für den Zweiwochenzeitraum, innerhalb dessen der Ausgleich gewährt werden muss, ist nur zu beachten, dass er den Beschäftigungstag einschließen muss. § 11 Abs. 3 Satz 1 ArbZG schreibt nicht vor, dass der Ersatzruhetag nach dem Beschäftigungstag liegen muss; der Ersatzruhetag kann auch vor dem Beschäftigungstag am Sonntag liegen.

Der Freizeitausgleich für die Arbeit an Feiertagen, die auf einen Werktag fallen, bestimmt sich außerhalb des TVöD nach § 11 Abs. 3 Satz 2 ArbZG: Danach ist ein Ersatzruhetag innerhalb eines den Beschäftigungstag einschließenden Zeitraums von acht Wochen zu gewähren. Auch hier gilt, dass der Achtwochenzeitraum so liegen kann, dass der Beschäftigungstag der erste oder der letzte Tag des Ausgleichszeitraums sein kann.

Frage 21: Welche gesetzlichen Vorgaben gibt es zur Höhe der Zuschläge für Sonn- und Feiertagsarbeit?

Keine. Nach einem Urteil des Bundesarbeitsgerichts (BAG 11.01.2006 – 5 AZR 97/05) haben Arbeitnehmer, die ihre Arbeitsleistung an Sonn- und Feiertagen erbringen, keinen gesetzlichen Anspruch auf einen Zuschlag zur Arbeitsvergütung. Dies bedeutet, dass der Arbeitgeber nicht verpflichtet ist, im Arbeitsvertrag einen Zuschlag für Sonn- und Feiertagsarbeit anzubieten. Wurden im Arbeitsvertrag jedoch bereits Zuschläge für Sonn- und Feiertagsarbeit vereinbart, kann sich der Arbeitgeber nicht einseitig von dieser Verpflichtung lösen.

Fällt das Arbeitsverhältnis in den Geltungsbereich des TVöD, hat der Arbeitgeber die in § 8 TVöD aufgeführten Zeitzuschläge pro Arbeitsstunde zu zahlen. Für Sonntagsarbeit sind dies – neben dem Entgelt für die tatsächliche Arbeitsleistung – 25 Prozent, für Feiertagsarbeit 35 Prozent (mit Freizeitausgleich) bzw. 135 Prozent (ohne Freizeitausgleich).

Frage 22: Wie hoch ist der Nachtarbeitszuschlag nach dem TVöD und nach dem Arbeitszeitgesetz? Wie hoch ist der Nachtarbeitszuschlag bei Erbringung der regulären Arbeitszeit in Dauernachtarbeit?

Im Geltungsbereich des TVöD ist Nachtarbeit definiert als Arbeit zwischen 21:00 und 6:00 Uhr (§ 7 Abs. 5 TVöD). Der Ausgleich für Nachtarbeit beträgt neben dem Entgelt in einem Zuschlag von 20 Prozent pro Stunde.

Außerhalb des Geltungsbereichs des TVöD (also im ambulanten Pflegebereich und in privaten Pflegeheimen) richtet sich die Definition der Nachtarbeit nach dem Arbeitszeitgesetz, und die Angemessenheit des Ausgleichs für Nachtarbeit richtet sich nach der Rechtsprechung des Bundesarbeitsgerichts. § 2 Abs. 3 ArbZG definiert die Nachtarbeit als Zeit von 23:00 Uhr bis 6:00 Uhr. Nachtarbeit im Sinn des ArbZG ist jede Arbeit, die mehr als zwei Stunden der Nachtzeit umfasst. Zum Ausgleich für die Nachtarbeit muss dem Nachtarbeitnehmer nach § 6 Abs. 5 ArbZG eine angemessene

Zahl freier Tage oder ein angemessener Zuschlag gewährt werden, wenn keine tarifvertraglichen Ausgleichsregelungen bestehen. Der Arbeitgeber entscheidet, ob er den Ausgleichsanspruch durch Zahlung von Geld, durch bezahlte Freistellung oder auch durch eine Kombination von beidem erfüllt (BAG 09.12.2015 – 10 AZR 423/14).

Nach gefestigter Rechtsprechung des Bundesarbeitsgerichts stellt ein Nachtarbeitszuschlag in Höhe von 25 Prozent auf den jeweiligen Bruttostundenlohn regelmäßig einen angemessenen Ausgleich für geleistete Nachtarbeit dar. Die Höhe des Ausgleichsanspruchs kann sich, so das Bundesarbeitsgericht, erhöhen, wenn die Belastung des Arbeitnehmers durch die Nachtarbeit wegen der Art der Tätigkeit oder dem zeitlichen Umfang der Nachtarbeit die Belastungen übersteigt, die normalerweise mit der Nachtarbeit verbunden sind. Dies ist dann der Fall, wenn ein Arbeitnehmer in Dauernachtarbeit tätig ist, wenn er also nach seinem Arbeitsvertrag oder aufgrund des Direktionsrechts des Arbeitgebers dauerhaft Nachtarbeit leistet. Bei der Erbringung der regulären Arbeitsleistung in Dauernachtarbeit ist in der Regel ein Nachtarbeitszuschlag in Höhe von 30 Prozent auf den Bruttostundenlohn als angemessen anzusehen (BAG 25.04.2018, 5 AZR 25/17). Ein Aspekt, der für einen höheren Nachtarbeitszuschlag spricht, war in einem Fall, bei dem um die Höhe der Nachtarbeitszuschläge einer Dauernachtwache in einem Alten-und Pflegeheim gestritten wurde, die lange Arbeitszeit der Pflegekraft, die abzüglich der Pausen zehn Stunden betrug (LAG Rheinland-Pfalz 07.06.2018, 5 Sa 446/17).

Frage 23: Zählen die Fahrtzeiten einer ambulanten Pflegekraft von Kunde zu Kunde zur vergütungspflichtigen Arbeitszeit?

Ja. Während die ambulante Pflegekraft am Steuer des Dienstwagens sitzt, kann sie schließlich nicht über ihre freie Zeit verfügen, sondern sie stellt ihrem Arbeitgeber ihre Zeit zur Durchführung der Fahrt zur Verfügung. Die Fahrtzeiten von Kunde zu Kunde müssen deshalb als Arbeitszeit vom Arbeitgeber vergütet werden. Dies ergibt sich bereits aus einem Urteil des Bundesarbeitsgerichts aus dem Jahr 1960 (08.12.1960 – 5 AZR 304/58, BB

1961, S. 214). Danach sind Wegezeiten des Arbeitnehmers von der Arbeitsstätte (in diesem Fall: die Adresse des ambulanten Pflegedienstes, also das Pflegebüro) zu einem außerhalb der Betriebsstätte gelegenen Arbeitsplatz (in diesem Fall die Adressen der einzelnen Kunden) als Arbeitszeit in der Regel zu vergüten.

In einer Entscheidung vom 12.12.2012 (5 AZR 355/12) hat das Bundesarbeitsgericht dies noch einmal bekräftigt: Fahrzeiten vom Betrieb zu einer auswärtigen Arbeitsstelle sind als Arbeitszeit zu bewerten. Das Gericht stellte in dieser Entscheidung jedoch auch klar, dass mit der Qualifizierung der Fahrzeit als Arbeitszeit noch nichts über die Höhe der Vergütung gesagt sei. Durch Arbeitsvertrag oder Tarifvertrag könne geregelt werden, dass Fahrtzeiten vom Betrieb zur Einsatzstätte anders vergütet werden als die eigentliche Tätigkeit. Dabei ist jedoch das Mindestlohngesetz einzuhalten.

Frage 24: **Welche Wegstrecken werden als Arbeitszeit gewertet?**

Inwiefern werden folgende Wegstrecken einer ambulanten Pflegekraft als Arbeitszeit gewertet:
a) Die Strecke von Zuhause ins Pflegebüro?
b) Die Strecke von Zuhause zum ersten Kundeneinsatz, wenn es kein regelmäßig aufzusuchendes Pflegebüro gibt?
c) Die Strecke zum Pflegebüro und dann zum ersten Kundeneinsatz?
d) Die Strecke von Zuhause zum ersten Kundeneinsatz, wenn es ein regelmäßig aufzusuchendes Pflegebüro gibt?

zu a)
Die Zeit, die ein Arbeitnehmer für den Weg von seiner Wohnung zum Betrieb benötigt, ist die Wegezeit. Für einen »normalen« Arbeitnehmer, der seine Arbeitsleistung an einem bestimmten Arbeitsort verbringt, zählt der Weg von seiner Wohnung zum Betrieb nicht zur Arbeitszeit (LAG Baden-Württemberg 23.11.2000 AuR 2001, S. 512). Es gilt also der Grundsatz, dass die Wegezeit nicht vergütet wird (BAG 21.12.2006, Neue Zeitschrift für Arbeitsrecht 2008, S. 136).

zu b)

In seinem Urteil vom 10.09.2015 (C-266/14) hat der Europäische Gerichtshof entschieden, dass das Zurücklegen der Strecke vom Wohnort zum Einsatzort dann als Arbeitszeit zählt, wenn ein Arbeitnehmer keinen festen oder gewöhnlichen Arbeitsort hat. Das heißt: Fehlt es (z. B. im ländlichen Bereich) an einem Büro des Pflegedienstes, das eine ambulante Pflegekraft vor der Fahrt zum ersten Kunden ansteuern muss, so zählt die Fahrt von ihrer Wohnung zum ersten Kunden komplett zur Arbeitszeit.

zu c)

Fährt eine ambulante Pflegekraft zunächst ins Pflegebüro und von dort aus zum ersten Kunden, zählt die Anfahrt von Zuhause ins Büro – wie bei anderen Arbeitnehmern auch – nicht zur Arbeitszeit. Die Arbeitszeit beginnt mit dem Eintreffen im Pflegebüro und erfasst dann selbstverständlich auch die Fahrt vom Pflegebüro zum ersten Kunden.

zu d)

Fährt eine ambulante Pflegekraft von Zuhause aus direkt zum ersten Kunden, sind drei Fallgruppen zu unterscheiden:

1. Fall: Die Anfahrtszeit zum ersten Kunden ist so lang wie die Anfahrtszeit zum Pflegebüro: Die Fahrtzeit zählt dann nicht als Arbeitszeit.
2. Fall: Die Anfahrtszeit zum ersten Kunden ist beispielsweise 15 Minuten länger als die Anfahrtszeit zum Pflegebüro: Von der Anfahrtszeit zählen dann diese 15 Minuten als Arbeitszeit. Denn die Wegezeit von der Betriebsstätte zu einem außerhalb der Betriebsstätte gelegenen Arbeitsplatz wird als Arbeitszeit gewertet (BAG 12.12.2012 (5 AZR 355/12).
3. Fall: Die Anfahrtszeit zum ersten Kunden ist kürzer als die Anfahrtszeit zum Pflegebüro: Die Fahrtzeit zählt nicht als Arbeitszeit. Denn bei einer unmittelbaren Anreise des Arbeitnehmers von seiner Wohnung zu einem außerhalb der Betriebsstätte gelegenen Arbeitsplatz ist regelmäßig die Zeit nicht zu vergüten, die der Arbeitnehmer dadurch erspart, dass er sich nicht von seiner Wohnung zum Betrieb zu begeben braucht (BAG 8.12.1960 – 5 AZR 304/58).

Frage 25: Unter welchen Voraussetzungen darf der Arbeitgeber Rufbereitschaft anordnen, wann muss er Bereitschaftsdienst anordnen?

Der Europäische Gerichtshof (03.10.2000 NZA 2000, S. 1227) hat den Begriff der Rufbereitschaft folgendermaßen definiert: »Rufbereitschaft ist die Verpflichtung des Arbeitnehmers, sich zu Hause oder an einer frei gewählten Stelle bereitzuhalten, um die Arbeit, falls er gerufen wird, alsbald aufzunehmen.«

Typisch für die Rufbereitschaft ist also, dass sich der Arbeitnehmer an einer frei gewählten Stelle aufhält, um auf Abruf die Arbeit aufzunehmen. Der Arbeitgeber darf Rufbereitschaft nur anordnen, wenn erfahrungsgemäß nur in Ausnahmefällen Arbeit anfällt. Ob während der Rufbereitschaft tatsächlich Arbeit anfällt, muss unvorhersehbar sein. § 7 Abs. 4 Satz 1 TVÖD: Rufbereitschaft leisten Beschäftigte, die sich auf Anordnung des Arbeitgebers außerhalb der regelmäßigen Arbeitszeit an einer dem Arbeitgeber anzuzeigenden Stelle aufhalten, um auf Abruf die Arbeit aufzunehmen.

Bereitschaftsdienst ist hingegen dann anzuordnen, wenn zu erwarten ist, dass zwar Arbeit anfällt, wenn aber die Zeit ohne Arbeitsleistung erfahrungsgemäß überwiegt. Der Beschäftigte muss sich während des Bereitschaftsdienstes an einer vom Arbeitgeber bestimmten Stelle aufhalten und im Bedarfsfall die Arbeit aufnehmen (siehe § 7 Abs. 3 TVöD).

Info

Sowohl Rufbereitschaft als auch Bereitschaftsdienst sind Sonderformen der Arbeit außerhalb der regelmäßigen Arbeitszeit.

Frage 26: Welche rechtlichen Vorgaben gibt es zur Ruhezeit?

Die Ruhezeit ist die Zeit zwischen dem Ende der Arbeitszeit eines Arbeitstages und dem Beginn der Arbeit am nächsten Arbeitstag.

Nach § 5 Abs. 1 ArbZG müssen Arbeitnehmer grundsätzlich eine ununterbrochene Ruhezeit von mindestens elf Stunden haben. Während der Ruhezeit muss der Arbeitnehmer frei von Verpflichtungen gegenüber seinem Arbeitgeber sein. Dem Arbeitnehmer soll es während der Ruhezeit möglich sein, seinen persönlichen Interessen nachzugehen und sich von der Arbeit zu erholen.

Für Krankenhäuser und andere Einrichtungen zur Behandlung, Pflege und Betreuung von Personen gibt es in § 5 Abs. 2 ArbZG eine Ausnahme zu dem Grundsatz, dass die Ruhezeit mindestens elf Stunden betragen muss: Die Dauer der Ruhezeit kann um bis zu eine Stunde verkürzt werden, wenn jede Verkürzung der Ruhezeit innerhalb eines Kalendermonats oder innerhalb von vier Wochen durch Verlängerung einer anderen Ruhezeit auf mindestens zwölf Stunden ausgeglichen wird.

Beispiel: Die Ruhezeit am 4. September beträgt nur zehn Stunden, am 29. September beträgt sie zum Ausgleich dafür zwölf Stunden.

Darüber hinaus ist es nach § 7 Abs. 1 Nr. 3 ArbZG sogar zulässig, in einem Tarifvertrag oder – in dem Fall, dass ein Tarifvertrag dies erlaubt – in einer Betriebs- oder Dienstvereinbarung die Ruhezeit auf neun Stunden zu verkürzen, wenn die Art der Arbeit dies erfordert und die Kürzung der Ruhezeit innerhalb eines festzulegenden Ausgleichszeitraums ausgeglichen wird.

Gewährt ein Arbeitgeber die gesetzlich vorgesehenen Mindestruhezeiten nicht, begeht er eine Ordnungswidrigkeit, die nach § 22 Abs. 2 ArbZG mit einer Geldbuße bis 15.000 Euro geahndet werden kann.

Frage 27: **Inwieweit darf eine Pflegekraft während der Ruhezeit zur Rufbereitschaft verpflichtet werden?**

Zeiten der Rufbereitschaft, in denen der Arbeitnehmer nicht zum Arbeitseinsatz beordert wird, zählen zur Ruhezeit. Die Zeit während der Rufbereitschaft, in der der Arbeitnehmer seine Arbeitsleistung erbringt, zählt hingegen zur Arbeitszeit, wobei die Wegezeiten während der Rufbereitschaft ebenfalls zur Arbeitszeit zählen.

Deshalb gibt es in § 5 Abs. 3 ArbZG für Krankenhäuser und andere Einrichtungen zur Behandlung, Pflege und Betreuung von Personen eine Regelung, die eine Verkürzung der Ruhezeit im Zusammenhang mit der Rufbereitschaft erlaubt: Danach können Kürzungen der Ruhezeit durch Inanspruchnahmen während der Rufbereitschaft, die nicht mehr als die Hälfte der Ruhezeit betragen, zu anderen Zeiten ausgeglichen werden.

Beispiel **Schichten und Ruhezeiten**

Der Dienst einer Pflegekraft endet um 23:00 Uhr, die nächste Schicht beginnt nach einer Ruhezeit von elf Stunden um 10:00 Uhr. In der Zwischenzeit hat die Pflegekraft Rufbereitschaft. Während dieser Zeit wird die Pflegekraft einmal zum Dienst gerufen und erbringt eine Arbeitsleistung von eineinhalb Stunden, ihre Wegezeit beträgt eine halbe Stunde. Insgesamt erbringt die Pflegekraft während ihrer Ruhezeit also eine Arbeitsleistung von zwei Stunden. Die Hälfte der Ruhezeit beträgt 5½ Stunden. Damit beträgt die Inanspruchnahme während der Ruhezeit weniger als die Hälfte der Ruhezeit. Die Pflegekraft kann also ihren Dienst um 10:00 Uhr antreten und muss nicht nach der letzten Inanspruchnahme während der Rufbereitschaft die volle Ruhezeit einhalten.

Frage 28: Ist eine Zeitvorgabe, nach der eine ambulante Pflegekraft bei Rufbereitschaft innerhalb von 15 Minuten bei der Kundin sein muss, erlaubt?

Nein, diese Vorgabe ist zu kurz. Grundsätzlich hat ein Arbeitnehmer in Rufbereitschaft seinen Aufenthaltsort so zu wählen, dass er innerhalb einer angemessenen Zeit am Arbeitsort erscheinen kann. Die Entfernung des Arbeitnehmers vom Arbeitsort darf nicht dem Zweck der Rufbereitschaft zuwider laufen. Der Arbeitnehmer ist verpflichtet, seine Entfernung vom Arbeitsort so zu wählen, dass er bei einem Abruf während der Rufbereitschaft die Arbeitsstelle in angemessen kurzer Zeit erreichen kann.

Für den Fall eines Krankenwagenfahrers im Rettungsdienst hat das Bundesarbeitsgericht entschieden, dass die Anordnung einer Zeitvorgabe von zehn Minuten einschließlich des Anlegens der Dienstkleidung nicht gerechtfertigt ist (BAG 19.12.1991 – 6 AZR 592/89 AP Nr. 1 zu § 67 BMT-G II). In einem anderen Urteil hat das Bundesarbeitsgericht im Fall eines Krankenpflegers entschieden, dass die Verpflichtung, bei Rufbereitschaft die Arbeit innerhalb von 20 Minuten nach Abruf aufzunehmen, ebenfalls zu kurz ist. Rufbereitschaft zeichnet sich insbesondere dadurch aus, dass der Arbeitnehmer seinen Aufenthaltsort frei bestimmen kann. Damit ist der Faktor Zeit für die freie Wahl des Aufenthaltsortes von entscheidender Bedeutung.

Beispiel **Gerichtsentscheid**

Im Fall eines Oberarztes, der etwa 73 Kilometer von der Klinik entfernt wohnt, hat das Arbeitsgericht Marburg (ArbG Marburg 04.11.2003 – 2 Ca 212/03 Pflege- und Krankenhausrecht 2005, S. 222) die Zeitvorgabe von 45 Minuten für die Wegezeit zwischen Benachrichtigung und Eintreffen in der Klinik als sachgerecht und angemessen bewertet. Das Gericht hat darauf hingewiesen, dass vor der Festlegung einer Höchstwegezeit im Rahmen der Rufbereitschaft das Mitbestimmungsrecht der Arbeitnehmervertretung (Betriebsrat bzw. Personalrat) gewahrt werden muss.

Frage 29: **Welche grundsätzlichen arbeitsschutzrechtlichen Zeitvorgaben gibt es zur Pause?**

Die Rechtsgrundlage für die Pause – oder, um den gesetzlichen Ausdruck zu verwenden: die Ruhepause – ist für volljährige Arbeitnehmer und volljährige Auszubildende in § 4 ArbZG geregelt. (Für minderjährige Auszubildende und Arbeitnehmer gibt es eine spezielle Schutzvorschrift in § 11 JArbSchG ▶ Frage 56: Welche Regelungen zur Arbeitszeit muss der Arbeitgeber bei der Beschäftigung Jugendlicher im Pflegebereich einhalten?). Die Vorschrift zur Pause im Arbeitsschutzgesetz gilt nach § 18 Abs. 1 Nr. 1 ArbZG nicht für Chefärzte und leitende Angestellte im Sinn des § 5 Abs. 3 BetrVG (also vor allem für Arbeitnehmer, die selbstständige Personalentscheidungen wie Einstellungen und Kündigungen treffen dürfen; im Pflegebereich betrifft dies je nach Einzelfall die PDL). Der TVöD enthält keine Sonderregeln zur Pause. Deshalb sind auch im Anwendungsbereich des TVöD die gesetzlichen Vorgaben des § 4 ArbZG maßgeblich.

Die Dauer der Pause richtet sich nach der Dauer der Arbeitszeit:

- Arbeitszeit bis sechs Stunden: keine Pause vorgeschrieben
- Arbeitszeit mehr als sechs bis neun Stunden: Pause mindestens 30 Minuten
- Arbeitszeit mehr als neun Stunden: Pause mindestens 45 Minuten

Nach § 4 Satz 2 ArbZG kann die Pause in Zeitabschnitte von jeweils 15 Minuten aufgeteilt werden. Arbeitsunterbrechungen von weniger als 15 Minuten gelten nicht als Pause im Sinn des Arbeitszeitgesetzes, sondern als Arbeitszeit (BAG 13.10.2009 – 9 AZR 139/08).

Zur zeitlichen Lage der Pause bestimmt das Arbeitszeitgesetz nur, dass Arbeitnehmer nicht länger als sechs Stunden hintereinander ohne Ruhepause beschäftigt werden dürfen. Aus dem Begriff der Pause als einer »Unterbrechung« der Arbeitszeit folgt, dass die Pause nicht am Anfang und nicht am Ende der Arbeitszeit liegen darf.

Frage 30: Zu welchem Zeitpunkt muss ein Arbeitnehmer über die Lage und Dauer einer Pause informiert werden?

Nach § 4 Satz 1 ArbZG muss die Ruhepause »im Voraus« feststehen. Es gibt verschiedene Ansichten darüber, wie lange im Voraus der Arbeitnehmer über Beginn und Dauer der Arbeitsunterbrechung informiert werden muss. Nach Ansicht des Bundesarbeitsgerichts ist es unverzichtbar, aber auch ausreichend, dass der Arbeitnehmer bei Beginn der Pause weiß, wie lange die Pause dauert (BAG 13.10.2009 – 9 AZR 139/08).

Frage 31: Darf der Arbeitgeber während der Pause Bereitschaftsdienst anordnen?

Nein. Bereitschaftsdienst ist Arbeitszeit Die Simap-Entscheidung des Europäischen Gerichtshofs vom 03.10.2000 hat klargestellt, dass die früher übliche Einordnung des Bereitschaftsdienstes (grundsätzlich als Ruhezeit und nur die Zeiten der tatsächlichen Arbeitsleistung als Arbeitszeit) gegen Europäisches Recht verstieß. Nach der Entscheidung des Europäischen Gerichtshofs muss die gesamte Dauer des Bereitschaftsdienstes als Arbeitszeit gewertet werden (NZA 2000, S. 1227). Dieser Einschätzung hatte sich das Bundesarbeitsgericht am 18.12.2003 angeschlossen (BAG 18.12.2003 AP BGB § 611 Arbeitsbereitschaft Nr. 12). Um die Rechtslage zu verdeutlichen, wurde zum 01.01.2004 das Arbeitszeitgesetz geändert. Aus § 7 Abs. 1 Nr. 1 a) ArbZG ist klar ersichtlich, dass Bereitschaftsdienst zur Arbeitszeit zählt.

Bereits im Jahr 1988 hat das Bundesarbeitsgericht klargestellt, dass ein Arbeitnehmer während der Pause von jeder Arbeitsleistung und auch von Arbeitsbereitschaft freigestellt sein muss (BAG 05.05.1988 – 6 AZR 658/85 NJW 1988, S. 2970). Ein Arbeitgeber, der während der Pause Bereitschaftsdienst anordnet, gewährt dem Arbeitnehmer die Pause nicht. Damit begeht der Arbeitgeber eine Ordnungswidrigkeit, die nach § 22 Abs. 2 ArbZG in Verbindung mit § 22 Abs. 1 Nr. 2 ArbZG mit einer Geldbuße bis zu 15.000 Euro geahndet werden kann. Behält sich der Arbeitgeber vor, den Arbeitnehmer während der Pause zur Arbeit zurückzurufen, gilt die Pause als Arbeitszeit und ist zu vergüten.

Frage 32: Wie wird das Aufsuchen der Toilette während der Arbeitszeit arbeitszeitrechtlich bewertet?

Grundsätzlich gilt das Aufsuchen der Toilette während der Arbeitszeit als Teil der (bezahlten) Arbeitszeit. Die Frage, wie viel Zeit für das Aufsuchen der Toilette angemessen ist, hängt von den Umständen des Einzelfalls ab. In einem Rechtsprechungsfall (ArbG Köln 21.01.2010 – 6 Ca 3846/09) verbrachte ein Angestellter innerhalb von zweieinhalb Wochen ungefähr sechseinhalb Stunden auf der Toilette. Der Arbeitgeber kürzte das Gehalt. Im Arbeitsgerichtsprozess trug der Angestellte vor, Grund für die langen Toilettenbesuche seien Verdauungsbeschwerden gewesen. Das Gericht gab ihm Recht. Der Arbeitgeber musste das Gehalt nachzahlen.

Verweilt ein Arbeitnehmer über die erforderliche Zeit hinaus auf der Toilette, um z. B. zu telefonieren oder zu lesen, verletzt er seine Arbeitspflicht, weil er seine Arbeitsleistung verweigert. Der Arbeitnehmer kann den Arbeitnehmer dann abmahnen und im Wiederholungsfall einer Arbeitszeitverletzung je nach den Umständen des Einzelfalls das Arbeitsverhältnis kündigen.

Frage 33: Darf eine Mitarbeiterin mit ihrem Arbeitgeber vereinbaren, auf die Pause zu verzichten, weil sie früher zu Hause sein will?

Nein. Die Vorschrift zur Ruhepause in § 4 ArbZG zählt zum zwingend einzuhaltenden Arbeitnehmerschutzrecht, auf das nicht durch Vereinbarung zwischen Arbeitgeber und Arbeitnehmer verzichtet werden darf. Der Sinn der Pause liegt – wie bei anderen Schutzvorschriften aus dem Arbeitszeitgesetz auch – darin, dem Arbeitnehmer Erholung zu bieten, um seine Gesundheit und Leistungsfähigkeit langfristig zu sichern. Es ist Aufgabe des Arbeitgebers, für die Einhaltung der Pause zu sorgen.

Gewährt der Arbeitgeber vorgeschriebene Pausen vorsätzlich oder fahrlässig nicht, handelt er ordnungswidrig (siehe § 22 Abs. 1 Nr. 2 ArbZG). Die Ordnungswidrigkeit kann nach § 22 Abs. 2 ArbZG in Verbindung mit § 22 Abs. 1 Nr. 2 ArbZG mit einer Geldbuße bis zu 15.000 Euro geahndet werden.

Frage 34: Kann der Arbeitgeber bezahlte Raucherpausen abschaffen?

Ja. Der Arbeitgeber ist berechtigt, neue Regelungen zum Umgang mit Raucherpausen festzulegen. Allerdings muss er dabei Mitbestimmungsrechte der Mitarbeitervertretung nach § 87 BetrVG beachten.

Das Landesarbeitsgericht Nürnberg (05.08.2015 – 2 Sa 135/15) hat über einen Fall in einem Lagerbetrieb geurteilt, in dem es üblich war, dass sich Arbeitnehmer für eine Raucherpause nicht ausstempeln mussten und die Dauer der Raucherpause also wie Arbeitszeit bezahlt wurde. Dann trat eine Betriebsvereinbarung in Kraft, wonach sich Arbeitnehmer für die Dauer der Raucherpause ausstempeln mussten. Ein Lagerarbeiter forderte den Lohn, den der Arbeitgeber aufgrund der Raucherpause abgezogen hatte, ein. Mit seiner Klage hatte er keinen Erfolg.

Frage 35: Welche Ankündigungsfrist hat der Arbeitgeber bei der Anordnung eines Freizeitausgleichs zum Überstundenabbau einzuhalten, wenn er dabei einen aktuellen Dienstplan ändert?

Mit dem Dienstplan konkretisiert der Arbeitgeber sein Weisungsrecht im Hinblick auf die Lage der Arbeitszeit. Sobald der Dienstplan unterschrieben und ausgehängt ist, ist er rechtlich verbindlich – sowohl für den Arbeitnehmer als auch für den Arbeitgeber.

Ändert der Arbeitgeber den Dienstplan, so handelt es sich ebenfalls um eine Ausübung des Weisungsrechts. Für die Ausübung des Weisungsrechts gilt § 106 Satz 1 GewO. Danach kann der Arbeitgeber Inhalt, Ort und Zeit der Arbeitsleistung nach billigem Ermessen näher bestimmen, soweit diese Arbeitsbedingungen nicht durch den Arbeitsvertrag, Bestimmungen einer Betriebsvereinbarung, eines anwendbaren Tarifvertrages oder gesetzliche Vorschriften festgelegt sind.

Will der Arbeitgeber einen Freizeitausgleich zum Abbau von Überstunden anordnen, ist die Rechtslage also folgendermaßen zu prüfen:

1. Schritt: Ist die Ankündigungsfrist für einen Freizeitausgleich zum Abbau von Überstunden gesetzlich geregelt? In Betracht käme eine Regelung im Arbeitszeitgesetz. Eine solche Regelung findet sich jedoch nicht.
2. Schritt: Gibt es eine Regelung im Tarifvertrag?
3. Schritt: Gibt es eine Regelung in einer Betriebsvereinbarung?
4. Schritt: Gibt es eine Regelung im Arbeitsvertrag?

In den meisten Fällen wird keine der genannten Rechtsgrundlagen eine Regelung zur Frage, welche Ankündigungsfrist beim Freizeitausgleich zum Abbau von Überstunden einzuhalten ist, enthalten. Der Arbeitgeber kann dann den Freizeitausgleich allerdings nicht nach eigenem Belieben anordnen, sondern er hat nach § 106 Satz 1 GewO billiges Ermessen zu berücksichtigen.

Das Bundesarbeitsgericht hat in einem Urteil aus dem Jahr 1995 (BAG 17.01.1995 – 3 AZR 399/94, NZA 1005, S. 1000) aus dem unbestimmten Rechtsbegriff »billiges Ermessen« abgeleitet, dass der Arbeitgeber eine angemessene Ankündigungsfrist wahren muss. Die Arbeitsfreistellung muss dem Arbeitnehmer so rechtzeitig mitgeteilt werden, dass er sich noch ausreichend auf die zusätzliche Freizeit einstellen und diese sinnvoll nutzen kann. In dem Fall, der der Entscheidung zugrunde lag, hatte der Arbeitgeber einen Arbeitnehmer zwischen 15:00 und 17:00 Uhr darüber informiert, ob er am nächsten Tag zur Arbeitsleistung verpflichtet ist oder Freizeitausgleich erhält. Nach Ansicht des Gerichts blieb dem Arbeitnehmer bei einer solchen kurzfristigen Anordnung nicht genügend Zeit, seine persönliche Terminplanung darauf einzurichten. Die verspätete Ankündigung entwertete weitgehend den eingeräumten Freizeitausgleich. Als angemessen sah das Gericht eine Ankündigungsfrist von vier Tagen an. Dabei orientierte es sich an der Zeitvorgabe in Artikel 1 § 4 Beschäftigungsförderungsgesetz 1985.

Lagen einer Dienstplanänderung nicht kurzfristige Erkrankungen oder andere dringliche Bedürfnisse des Arbeitgebers zugrunde, sondern ein Planungsfehler, ist nach einem Urteil des Arbeitsgerichts Frankfurt am Main

(12.10.2005, 22 Ca 3276/05) die Dienstplanänderung nur verbindlich, wenn der Arbeitgeber die Lage der Arbeitszeit mindestens vier Tage im Voraus mitteilt. (▶ Frage 38: Welche Frist muss die Schichtleitung bei Änderung des Dienstplans einhalten?)

Frage 36: Eine Pflegekraft wird während des Freizeitausgleichs, der ihr zum Abbau von Überstunden gewährt wird, arbeitsunfähig krank. Muss der Arbeitgeber einen zusätzlichen Freizeitausgleich gewähren?

Das hängt davon ab, ob auf das Arbeitsverhältnis der TVöD anwendbar ist oder nicht.

Außerhalb des TVöD gilt nach ständiger Rechtsprechung (BAG 11.09.2003 – 6 AZR 374/02, BAG 06.06.2007– 5 AZR 768/06) Folgendes: Der Anspruch eines Arbeitnehmers auf Freizeitausgleich zum Abbau von Überstunden wird bereits durch die Freistellung von der Arbeitspflicht erfüllt. Die Überstunden werden also auch dann abgebaut, wenn der Arbeitnehmer während des Freizeitausgleichs arbeitsunfähig krank wird. Dies gilt selbst dann, wenn der Arbeitnehmer während des gesamten Freistellungszeitraums arbeitsunfähig krank ist und eine ärztliche Arbeitsunfähigkeitsbescheinigung vorlegt. Der Arbeitgeber darf jedoch keinen bzw. keinen weiteren Freizeitausgleich anordnen, wenn er weiß, dass der Arbeitnehmer arbeitsunfähig krank ist.

Anders ist die Rechtslage im Geltungsbereich des TVöD: Nach § 10 TVöD tritt im Fall einer unverzüglich angezeigten und durch ärztliches Attest nachgewiesenen Arbeitsunfähigkeit während eines Zeitausgleichs vom Arbeitszeitkonto eine Minderung des Zeitguthabens nicht ein. Voraussetzung ist, dass durch Dienst- oder Betriebsvereinbarung ein Arbeitszeitkonto eingerichtet wurde.

Frage 37: Dürfen Kollegen untereinander ihre Schichten, zu denen sie im Dienstplan eingetragen sind, ohne Absprache mit der Stationsleitung tauschen?

Nein. Die Stationsleitung ist für den Dienstplan verantwortlich, sie muss für eine ausgewogene Besetzung der Station sorgen. Die Schichtleitung haftet im Rahmen ihrer Organisationsverantwortung für Pflegefehler, die ihre Ursache in einer fehlerhaften Besetzung einer Schicht haben.

Aus der Verantwortung der Schichtleitung für die Besetzung der Schicht ergibt sich, dass ein Tausch von Schichten nur mit Zustimmung der Stationsleitung erfolgen darf.

Die Schichtleitung hat außerdem darauf zu achten, dass die fachliche Qualifikation jeder Schichtbesetzung gewährleistet ist und dass durch den Tausch das Arbeitszeitgesetz und andere Gesetze nicht verletzt werden.

Frage 38: Welche Frist muss die Schichtleitung bei Änderung des Dienstplans einhalten?

Da diese Frage weder gesetzlich noch tarifvertraglich geregelt ist und in seltenen Fällen eine Regelung in einer Betriebsvereinbarung oder im Arbeitsvertrag vorliegen wird (▶ Frage 35: Welche Ankündigungsfrist hat der Arbeitgeber bei der Anordnung eines Freizeitausgleichs zum Überstundenabbau einzuhalten, wenn er dabei einen aktuellen Dienstplan ändert?), gilt Folgendes: Bei einer Änderung des Dienstplans handelt es sich um eine Ausübung des Weisungsrechts, bei der der Arbeitgeber § 106 GewO zu beachten hat, das heißt, er muss Inhalt, Ort und Zeit der Arbeitsleistung nach billigem Ermessen bestimmen. Dies bedeutet, dass die Interessen des Arbeitgebers und des Arbeitnehmers in jedem Einzelfall konkret gegeneinander abzuwägen sind. Dabei ist auf Seiten des Arbeitnehmers auch die familiäre Situation zu berücksichtigen, soweit sie dem Arbeitgeber bekannt ist.

Da die Frage, welche Frist die Schichtleitung bei der Änderung des Dienstplans zu berücksichtigen hat, nur durch die Generalklausel des »billigen Ermessens« geregelt ist, greift die Rechtsprechung zur Konkretisierung des Zeitraums für die Ankündigung auf die Abruffrist zurück, die nach § 12 Abs. 2 Teilzeit-und Befristungsgesetz (TzBfG) bei der Abrufarbeit einzuhalten ist. Die Abrufarbeit ist eine besondere Form der Teilzeitarbeit. Für die Fristberechnung gelten die §§ 186 ff. BGB. Das bedeutet, dass zwischen dem Tag der Ankündigung und dem Tag der Arbeitsleistung vier Tage liegen müssen. Und: Fällt der letzte Tag vor dem Viertageszeitraum auf einen Samstag, Sonntag oder Feiertag, muss die Mitteilung am vorhergehenden Werktag erfolgen. Fällt der Tag der angeordneten Arbeitsleistung also auf einen Montag, so ist der vorhergehende Mittwoch der späteste Ankündigungstag. Fällt der Tag der angeordneten Arbeitsleistung auf einen Freitag, muss die Ankündigung spätestens am Freitag der Vorwoche erfolgen.

Die Rechtsprechung hat die Mindestfrist von vier Tagen im Sinn des § 12 Abs. 2 TzBfG unter anderem bei der Änderung eines Dienstplans sowohl beim Schichttausch durch den Arbeitgeber (ArbG Berlin 05.10.2012, Az. 10243/12) als auch bei einer Freistellung für ganze Arbeitstage (ArbG Frankfurt, 12.10.2005, Az. 22 Ca 3276/05) ausdrücklich genannt.

Frage 39: Hat der Betriebsrat / Personalrat bei einer Änderung des Dienstplans ein Mitbestimmungsrecht? Was gilt in Eilfällen und Notfällen?

Die Änderung eines Dienstplans durch die Schichtleitung erfordert grundsätzlich die Zustimmung des Betriebsrats (LAG Niedersachsen, 29.04.2005 – 16 Sa 1330/04).

Das Mitbestimmungsrecht des Betriebsrats besteht auch in Eilfällen (z. B. bei der Anordnung von Überstunden zur Bewältigung des Arbeitsanfalls, siehe BAG 17.11.1998 – 1 ABR 12/98), nicht aber in Notfällen, etwa bei massenhafter Einlieferung ins Krankenhaus. In außergewöhnlichen Fällen darf nach § 14 ArbZG von wichtigen Arbeitnehmerschutzvorschriften wie Höchstarbeitszeit, Ruhepausen und Ruhezeit abgewichen werden.

4 Bezahlte und unbezahlte Freistellung von der Arbeit

4.1 Entgeltfortzahlung im Krankheitsfall

Frage 40: Wie soll eine Pflegekraft bei einer Krankmeldung korrekterweise vorgehen?

Der Begriff der Krankmeldung ist umgangssprachlich und aus juristischer Sicht ungenau. Gemeint sind die Anzeige und gegebenenfalls der Nachweis der Arbeitsunfähigkeit gegenüber dem Arbeitgeber. Geregelt sind die Anzeige- und Nachweispflicht im Fall einer Arbeitsunfähigkeit in § 5 EFZG.

Nach § 5 Abs. 1 Satz 1 EFZG ist der Arbeitnehmer verpflichtet, dem Arbeitgeber im Fall einer Arbeitsunfähigkeit unverzüglich zwei Angaben zu machen:

- Information über die Arbeitsunfähigkeit
- und deren voraussichtliche Dauer.

»Unverzüglich« bedeutet »ohne schuldhaftes Zögern« (siehe § 121 BGB). Sobald eine Pflegekraft erkennt, dass sie ihre nächste Schicht nicht antreten kann, muss sie den Arbeitgeber informieren. Nur dann kann der Arbeitgeber eine Ersatzkraft organisieren. Wenn ein arbeitsunfähig erkrankter Arbeitnehmer nicht mehr kommunizieren oder sich nicht mehr bewegen kann, muss er jemanden beauftragen, sich beim Arbeitgeber abzumelden (Familienmitglieder, Freunde, Bekannte).

Der Arbeitnehmer ist nicht verpflichtet, dem Arbeitgeber Informationen über die Art seiner Erkrankung zu geben. Er ist auch nicht dazu verpflichtet, sofort zu einem Arzt zu gehen. Im Fall einer leichteren Erkrankung und einer voraussichtlichen Arbeitsunfähigkeit von bis zu drei Kalendertagen kann sich der Arbeitnehmer selbst behandeln und dem Arbeitgeber die Dauer seiner voraussichtlichen Arbeitsunfähigkeit mitteilen. Ist der Arbeitnehmer ernster erkrankt, wird er voraussichtlich am ersten Krankheitstag einen Arzt aufsuchen. In diesem Fall sollte er seinem Arbeitgeber mitteilen, dass er einen Arzt aufsuchen und sich anschließend wieder melden wird, um die voraussichtliche Dauer seiner Arbeitsunfähigkeit anzugeben.

Bei Erkrankungen während des Erholungsurlaubs sind Sonderregeln zu beachten (▶ Frage 46: Was muss ein Arbeitnehmer, der während des Erholungsurlaubs arbeitsunfähig krank wird, aus arbeitsrechtlicher Sicht beachten? und ▶ Frage 47: Ein Arbeitnehmer ist im Urlaub auf Auslandsreise und wird arbeitsunfähig krank. Was hat er aus arbeitsrechtlicher Sicht zu beachten?).

Frage 41: **In welchen Fällen ist dem Arbeitgeber eine ärztliche Arbeitsunfähigkeitsbescheinigung vorzulegen?**

Dies regelt § 5 Abs. 1 Satz 2 und 3 EFZG. Danach muss der Arbeitnehmer dann, wenn die Arbeitsunfähigkeit länger als drei Kalendertage dauert, eine ärztliche Bescheinigung über das Bestehen der Arbeitsunfähigkeit und deren voraussichtliche Dauer vorzulegen. – Ein Arbeitnehmer, der ein, zwei oder drei Kalendertage arbeitsunfähig krank ist, muss danach keine Arbeitsunfähigkeitsbescheinigung vorlegen. Erst am vierten Krankheitstag muss die Bescheinigung beim Arbeitgeber sein, und zwar auch dann, wenn der Arbeitnehmer an diesem Tag nicht arbeiten muss.

Beispiel Fristgerechte Krankmeldung

Eine Altenpflegerin bemerkt an einem dienstfreien Sonntag, dem 16.11., ein allmählich stärker werdendes Kratzen im Hals. Sie hat den Eindruck, sich eine Erkältung eingefangen zu haben und gibt sofort im Pflegeheim Bescheid, dass sie voraussichtlich bis einschließlich Mittwoch arbeitsunfähig krank ist. Dann kuriert sie sich mit Hausmitteln, Kräutertee und einer Infrarotlampe. Am Mittwochabend bekommt sie starkes Fieber, wieder gibt sie im Pflegeheim Bescheid. Am Donnerstag geht sie zum Arzt, der sie eine Woche krankschreibt. Die Arbeitsunfähigkeitsbescheinigung muss die Altenpflegerin umgehend dem Pflegeheim vorlegen.

Der Arbeitgeber ist nach § 5 Abs. 1 Satz 3 EFZG berechtigt, die Vorlage der Arbeitsunfähigkeitsbescheinigung früher zu verlangen, also schon am ersten, zweiten oder dritten Tag der Arbeitsunfähigkeit.

Info
Dauert die Arbeitsunfähigkeit länger als in der ärztlichen Bescheinigung angegeben, muss der Arbeitnehmer eine neue ärztliche Bescheinigung vorlegen (siehe § 5 Abs. 1 Satz 4 EFZG).

Frage 42: Welchen Beweiswert hat eine ärztliche Arbeitsunfähigkeitsbescheinigung?

Auf dem Bereich der gesetzlichen Krankenversicherung beurteilt der Arzt die Arbeitsunfähigkeit eines Patienten am Maßstab der Arbeitsunfähigkeits-Richtlinien, die vom Bundesausschuss der Ärzte und Krankenkassen beschlossen wurden.

Info
In der Regel führt der Arbeitnehmer den Nachweis seiner krankheitsbedingten Arbeitsunfähigkeit durch Vorlage einer förmlichen ärztlichen Arbeitsunfähigkeitsbescheinigung.

Die ordnungsgemäß ausgestellte Arbeitsunfähigkeitsbescheinigung ist der gesetzlich ausdrücklich vorgesehene und insoweit wichtigste Beweis für das Vorliegen krankheitsbedingter Arbeitsunfähigkeit. Einer solchen Bescheinigung kommt ein hoher Beweiswert zu. Normalerweise kann ein Richter den Beweis, dass eine krankheitsbedingte Arbeitsunfähigkeit vorliegt, als erwiesen ansehen, wenn der Arbeitnehmer im Rechtsstreit eine solche Bescheinigung vorlegt (BAG 19.02.1997 – 5 AZR 83/96).

Frage 43: **In welchen Fällen ist der Beweiswert einer ärztlichen Arbeitsunfähigkeitsbescheinigung problematisch? Auf welche Weise wird dann in einem Prozess vor dem Arbeitsgericht entschieden, ob der Arbeitnehmer arbeitsunfähig war oder nicht?**

Bestreitet der Arbeitgeber die Arbeitsunfähigkeit des Arbeitnehmers trotz der vorgelegten ordnungsgemäß erteilten Arbeitsunfähigkeitsbescheinigung, so muss er den Beweiswert der Arbeitsunfähigkeitsbescheinigung erschüttern. Der Beweiswert einer Arbeitsunfähigkeitsbescheinigung ist dann erschüttert, wenn ernsthafte Zweifel am Bestehen der Arbeitsunfähigkeit dargelegt werden.

Zweifel an der Arbeitsunfähigkeitsbescheinigung können begründet werden durch:

- Umstände im Zusammenhang mit der Bescheinigung selbst
- Verhalten des Arbeitnehmers vor der Erkrankung
- Verhalten des Arbeitnehmers während der bescheinigten Dauer der Arbeitsunfähigkeit

In einem Fall, der einem Urteil des Landesarbeitsgerichts Hamm (10.09.2003 – 18 Sa 721/03 NZA-RR 2004, S. 292) zugrunde lag, hatte eine Arbeitnehmerin am 19.08.2002 nach einer Erkrankung die Arbeit wieder aufgenommen. Zwei Tage später war sie nach einer Auseinandersetzung mit dem Geschäftsführer ihres Arbeitgebers nach ihrer Behauptung ab dem 21.08.2002 bis 26.11.2002 arbeitsunfähig krank, wobei sie Erstbescheinigungen und Folgebescheinigungen von fünf verschiedenen Ärzten vorlegte.

Der Arbeitgeber verweigerte die Entgeltfortzahlung und kündigte das Arbeitsverhältnis fristlos, die Arbeitnehmerin erhob Klage vor dem Arbeitsgericht. Nach dem Urteil der zweiten Instanz, des Landesarbeitsgerichts Hamm, entspricht eine Häufung von verschiedenen Erkrankungen hintereinander nach einer Auseinandersetzung mit dem Arbeitgeber, festgestellt von verschiedenen Ärzten, nicht der Lebenserfahrung und begründet ernsthafte Zweifel an der Richtigkeit der vorgelegten Arbeitsunfähigkeitsbescheinigungen. Ist die Richtigkeitsvermutung der vorgelegten Arbeitsunfähigkeitsbescheinigungen erschüttert, muss der Arbeitnehmer die Arbeitsunfähigkeit auf andere Weise beweisen.

In dem Fall des Landesarbeitsgerichts Hamm hat die Arbeitnehmerin ihre Ärzte von der Schweigepflicht entbunden. Ein Arzt bekundete, er hätte das Vorliegen der Erkrankung anhand von objektiven Tastbefunden festgestellt und er habe keine Zweifel an der Arbeitsunfähigkeit. Auch ein anderer Arzt hatte die Arbeitsunfähigkeit nach körperlicher Untersuchung festgestellt und sagte aus, die Arbeitsunfähigkeit der Arbeitnehmerin sei zweifelsfrei. Zwei andere Ärzte hatten dagegen als Zeugen dargelegt, dass sie aufgrund der Tatsachen, die ihnen nunmehr bekannt geworden seien, Zweifel an der von ihnen bescheinigten Arbeitsunfähigkeit der Arbeitnehmerin hätten. Das Äußern von Zweifeln vonseiten der Ärzte, so das Landesarbeitsgericht Hamm, genüge dafür, dass die Arbeitnehmerin den Beweis ihrer Arbeitsunfähigkeit nicht erbracht habe. Das Gericht wies deshalb die Klage auf Entgeltfortzahlung für die Zeiträume, für die die Ärzte Zweifel an der von ihnen ausgestellten Arbeitsunfähigkeitsbescheinigung eingeräumt hatten, ab. Außerdem stellte es die Wirksamkeit der vom Arbeitgeber ausgesprochenen außerordentlichen Kündigung fest.

Info

Das Vortäuschen einer krankheitsbedingten Arbeitsunfähigkeit ist als Pflichtverletzung an sich geeignet, einen wichtigen Grund für eine außerordentliche Kündigung im Sinn des § 626 BGB zu bilden (siehe auch BAG 26.08.1993 – 2 AZR 154/93 NZA 1994, S. 63).

Frage 44: Darf ein Arbeitgeber die Arbeitsunfähigkeitsbescheinigung durch einen Arzt mit der Begründung, dessen Atteste grundsätzlich nicht anzuerkennen, zurückweisen?

Nein. Das Landgericht Erfurt (LG Erfurt 2. Kammer für Handelssachen 04.08.2004 – 2 HKO 180/04) hat dazu Folgendes entschieden: Ein Arbeitgeber handelt wettbewerbswidrig, wenn er seinen Mitarbeitern (auf einem Merkblatt) mitteilt, »ab sofort« würden Arbeitsunfähigkeitsbescheinigungen zweier bestimmter Ärzte nicht mehr anerkannt, mit der Folge, »dass keine Lohnfortzahlung geleistet« werde.

Die freie Arztwahl der Arbeitnehmer darf nicht durch unangemessene und unsachliche Einflussnahme beschnitten werden. Ebenso wenig ist ein Boykottaufruf gegen bestimmte Ärzte gerechtfertigt. Bei Zweifeln an der Richtigkeit ärztlicher Zeugnisse kann der Arbeitgeber im Einzelfall eine gutachterliche Stellungnahme des Medizinischen Dienstes der Krankenkasse einholen.

4.2 Erholungsurlaub

Frage 45: Im Arbeitsvertrag einer Pflegekraft, die Vollzeit in einem ambulanten Pflegedienst arbeitet, findet sich keine Regelung zum Erholungsurlaub. Wie viele Urlaubstage stehen der Pflegekraft zu?

Der Urlaubsanspruch ergibt sich meist aus dem Arbeitsvertrag oder dem Tarifvertrag, seltener aus Betriebs- bzw. Dienstvereinbarungen. Da für ein Arbeitsverhältnis in der ambulanten Pflege üblicherweise kein Tarifvertrag gilt, sollte sich die betroffene Pflegekraft danach erkundigen, ob ihr Urlaubsanspruch in einer Betriebsvereinbarung geregelt ist. Ist dies nicht der Fall und findet sich wie im Fallbeispiel keine Regelung zum Erholungsurlaub im Arbeitsvertrag, besteht nur ein Anspruch auf den Mindesturlaub nach dem Bundesurlaubsgesetz. Nach § 3 BUrlG beträgt der Urlaub jährlich mindestens 24 Werktage. Als Werktage gelten alle Kalendertage, die nicht Sonn- oder gesetzliche Feiertage sind.

Es ist zu beachten, dass der Mindesturlaub nach dem Bundesurlaubsgesetz nicht in Arbeitstagen, sondern in Werktagen bemessen wird. Samstage sind Werktage im Sinn des § 3 BUrlG. Rechnet man den Anspruch auf den Mindesturlaub von 24 Werktagen in Urlaubswochen um, ergibt sich bei der Sechs-Tage-Woche, die dem Bundesurlaubsgesetz zu Grunde liegt, ein Anspruch von vier Wochen Urlaub. Dieser Anspruch steht jedem Arbeitnehmer zu; der Anspruch auf den Mindesturlaub von vier Wochen darf weder durch Arbeitsvertrag noch durch Betriebs- bzw. Dienstvereinbarungen oder Tarifverträge unterlaufen werden.

Frage 46: Was muss ein Arbeitnehmer, der während des Erholungsurlaubs arbeitsunfähig krank wird, aus arbeitsrechtlicher Sicht beachten?

Wird ein Arbeitnehmer während seines Urlaubs arbeitsunfähig krank, werden nach § 9 BUrlG die Tage der Arbeitsunfähigkeit, die durch ärztliches Zeugnis nachgewiesen sind, nicht auf den Urlaub angerechnet.

Das Bundesurlaubsgesetz und der TVöD schreiben keine Frist vor, innerhalb derer der Arbeitnehmer die ärztliche Arbeitsunfähigkeitsbescheinigung vorzulegen hat. Der Arbeitgeber kann aber die Fortzahlung der Vergütung so lange verweigern, bis der Arbeitnehmer die ärztliche Arbeitsunfähigkeitsbescheinigung vorlegt. Die durch Arbeitsunfähigkeit verlorenen Urlaubstage werden dem Arbeitnehmer zu einem späteren Zeitpunkt gewährt.

Auf keinen Fall darf der Arbeitnehmer die Urlaubstage, die er durch Krankheit verloren hat, an den vom Arbeitgeber genehmigten Urlaubszeitraum anhängen und auf diese Weise seinen Urlaub eigenmächtig verlängern. Eine Selbstbeurlaubung ist unzulässig. Der Arbeitnehmer muss mindestens mit einer Abmahnung rechnen, je nach den Umständen des Einzelfalls sogar mit einer Kündigung.

Dauert die krankheitsbedingte Arbeitsunfähigkeit länger als der bewilligte Erholungsurlaub, ist der Arbeitnehmer verpflichtet, dem Arbeitgeber seine Arbeitsunfähigkeit und deren voraussichtliche Dauer mitzuteilen, sobald er absehen kann, dass er seine Arbeit nach Ende des Urlaubs krankheitsbedingt nicht antreten kann. Es gelten dann die Anzeige- und Nachweispflichten des § 5 EFZG (▶ Frage 40: Wie soll eine Pflegekraft bei einer Krankmeldung korrekterweise vorgehen?).

Frage 47: Ein Arbeitnehmer ist im Urlaub auf Auslandsreise und wird arbeitsunfähig krank. Was hat er aus arbeitsrechtlicher Sicht zu beachten?

Für diese Frage gibt es eine Sonderregelung in § 5 Abs. 2 Satz 1 und 2 EFZG: Hält sich der Arbeitnehmer bei Beginn der Arbeitsunfähigkeit im Ausland auf, so ist er verpflichtet, dem Arbeitgeber folgende Informationen in der schnellstmöglichen Art der Übermittlung mitzuteilen:

- die Arbeitsunfähigkeit,
- deren voraussichtliche Dauer und
- die Adresse am Aufenthaltsort.

Die durch die Mitteilung entstehenden Kosten hat der Arbeitgeber zu tragen. Kehrt ein arbeitsunfähig erkrankter Arbeitnehmer in das Inland zurück, hat er dies seinem Arbeitgeber unverzüglich mitzuteilen.

Die schnellstmögliche Art der Übermittlung, die § 5 EFZG vom Arbeitnehmer fordert, sind in der Regel Telefon, Fax oder Telegramm.

Im Fall einer Auslandserkrankung im Urlaub hat der Arbeitnehmer also höhere Anforderungen zu erfüllen als im Fall einer Inlandserkrankung. Dies hat folgenden Hintergrund: Grundsätzlich hat eine ärztliche Arbeitsunfähigkeitsbescheinigung einen hohen Beweiswert. Der Arbeitgeber hat jedoch die Möglichkeit, den Beweiswert einer Arbeitsunfähigkeitsbescheinigung zu erschüttern.

Für eine Erkrankung im Inland genügt es, dass der Arbeitgeber Umstände darlegt und beweist, die den Beweiswert der Arbeitsunfähigkeitsbescheinigung erschüttern (▶ Frage 43: In welchen Fällen ist der Beweiswert einer ärztlichen Arbeitsunfähigkeitsbescheinigung problematisch? Auf welche Weise wird dann in einem Prozess vor dem Arbeitsgericht entschieden, ob der Arbeitnehmer arbeitsunfähig war oder nicht?). Nach einer Vorgabe des Europäischen Gerichtshofs (Fall »Paletta« 03.05.1992 Rechtssache C 45/90, NJW 1992, S. 2687) muss der Arbeitgeber in Deutschland die Arbeitsunfähigkeitsbescheinigung eines ausländischen Arztes (innerhalb der Europäischen Union) grundsätzlich akzeptieren.

Will der Arbeitgeber die Arbeitsunfähigkeitsbescheinigung eines ausländischen Arztes nicht akzeptieren, so hat der Arbeitgeber zu beweisen, dass der Arbeitnehmer arbeitsfähig war. Die bloße Erschütterung des Beweiswerts genügt also nicht, wenn die Arbeitsunfähigkeitsbescheinigung von einem Arzt innerhalb der Europäischen Union ausgestellt wurde. Die höheren Anforderungen im Fall einer Auslandserkrankung dienen dazu, dem Arbeitgeber diesen Beweis zu ermöglichen.

Zu den Anforderungen, die an eine schnellstmögliche Mitteilung der Arbeitsunfähigkeit gestellt werden, gibt es eine Entscheidung des Landesarbeitsgerichts Köln (12.05.2000 – 4 Sa 310/00). Danach kommt es nicht darauf an, welche Übermittlungsart aus Sicht des Arbeitnehmers die schnellste ist. Maßgeblich ist vielmehr die objektive Sicht. Im entschiedenen Fall hatte ein an einem Bandscheibenvorfall leidender und bewegungsunfähiger Arbeitnehmer in einem wilden Campingareal in Polen einen nicht näher bekannten Polen damit beauftragt, ein Einschreiben an seinen Arbeitgeber abzusenden.

Die schnellere Übermittlungsart, so das Gericht, wäre aber ein Eilbrief oder ein Telegramm gewesen. Außerdem hatte der Arbeitnehmer nur behauptet, dass seine Übermittlungsperson kein Deutsch gesprochen habe und deshalb nicht telefonieren konnte, er habe aber weder dafür Beweis angetreten noch erläutert, wer diese Person war.

4.3 Bildungsurlaub

Frage 48: Inwieweit steht einer Pflegekraft Anspruch auf Bildungsurlaub zu?

Als Bildungsurlaub bezeichnet man die Teilnahme eines Arbeitnehmers an einer staatlich anerkannten Veranstaltung zur beruflichen oder politischen Weiterbildung. Der Bildungsurlaub wird auch Bildungsfreistellung genannt, um den Begriff des »Urlaubs« mit seinen entsprechenden Assoziationen zu vermeiden.

Die Voraussetzungen für den Bildungsurlaub sind nicht bundeseinheitlich festgelegt; die Regelung ist Ländersache. Ein Recht auf Bildungsurlaub gibt es in allen Bundesländern außer Bayern und Sachsen.

Wegen der Vielzahl der Bildungsurlaubs- bzw. Bildungsfreistellungsgesetze variieren die Voraussetzungen für den Bildungsurlaub von Bundesland zu Bundesland in einigen Details. Hier eine Aufstellung der Landes-Bildungsurlaubsgesetze, zum leichteren Auffinden im Internet (▸ Tab. 1).

Tab. 1: Landes-Bildungsurlaubsgesetze

Bundesland	Landes-Bildungsurlaubsgesetze
Baden-Württemberg	Bildungszeitgesetz Baden-Württemberg
Berlin	Berliner Bildungsurlaubsgesetz
Brandenburg	Gesetz zur Regelung und Förderung der Weiterbildung im Land Brandenburg
Bremen	Bremisches Bildungszeitgesetz
Hamburg	Hamburgisches Bildungsurlaubsgesetz
Hessen	Hessisches Gesetz über den Anspruch auf Bildungsurlaub
Mecklenburg-Vorpommern	Gesetz zur Freistellung für Weiterbildungen für das Land Mecklenburg-Vorpommern

Bundesland	Landes-Bildungsurlaubsgesetze
Niedersachsen	Niedersächsisches Gesetz über den Bildungsurlaub für Arbeitnehmerinnen und Arbeitnehmer
Nordrhein-Westfalen	Gesetz zur Freistellung von Arbeitnehmern zum Zwecke der beruflichen und politischen Weiterbildung
Rheinland-Pfalz	Landesgesetz über die Freistellung von Arbeitnehmerinnen und Arbeitnehmern für Zwecke der Weiterbildung
Saarland	Saarländisches Bildungsfreistellungsgesetz
Sachsen-Anhalt	Gesetz zur Freistellung von der Arbeit für Maßnahmen der Weiterbildung
Schleswig-Holstein	Weiterbildungsgesetz Schleswig-Holstein
Thüringen	Thüringer Bildungsfreistellungsgesetz

In den Gesetzen finden sich bei Unterschieden im Detail auch gemeinsame Grundsätze, die im Folgenden skizziert werden, im Bedarfsfall jedoch im jeweiligen Landesbildungsurlaubsgesetz zu recherchieren sind.

Beschäftigte, die regelmäßig an fünf Tagen in der Woche arbeiten, können fünf Arbeitstage Bildungsurlaub im Kalenderjahr beanspruchen; in einigen Bundesländern sind es zehn Tage für einen Zeitraum von zwei Jahren. Wird regelmäßig an weniger oder mehr als an fünf Tagen in der Woche gearbeitet, verringert bzw. erhöht sich der Anspruch. Bildungsurlaub kann erst beantragt werden, wenn das Arbeitsverhältnis mindestens sechs Monate lang besteht, in einigen Bundesländern nicht vor Ablauf von zwei Jahren nach Beginn des Beschäftigungsverhältnisses. Für die Zeit des Bildungsurlaubs erhält der Arbeitnehmer sein Gehalt weiter. Die Kosten der Veranstaltung trägt der Arbeitnehmer jedoch selbst.

Ein Arbeitnehmer darf nicht für jede beliebige Veranstaltung eine bezahlte Freistellung beanspruchen. Die Frage, was unter beruflicher und politischer Weiterbildung zu verstehen ist, wird in manchen Bildungsurlaubsgesetzen umschrieben, in anderen werden bestimmte Veranstaltungen ausgeschlossen, vor allem solche, die der Erholung, der Unterhaltung oder der Freizeitgestaltung dienen. Nach der Rechtsprechung des Bundesarbeitsgerichtes eignet sich eine Bildungsveranstaltung nicht nur dann zur beruflichen Weiterbildung, wenn sie den Arbeitnehmer dazu befähigt, die Mitsprache und Mitverantwortung in seinem Beruf zu fördern, sondern auch dann, wenn das erlernte Wissen im Beruf verwendet werden kann. Ein Sprachkurs »Italienisch für Anfänger« diene der beruflichen Weiterbildung einer Krankenschwester, die während ihrer Tätigkeit italienische Patienten zu betreuen habe, entschied das Bundesarbeitsgericht in einem Urteil zum Bildungsurlaubsgesetz Nordrhein-Westfalen (BAG 15.06.1993 – 9 AZR 261/90). Die tägliche Arbeitszeit einer Bildungsveranstaltung muss in der Regel sechs Zeitstunden betragen.

Den Anspruch auf Bildungsurlaub muss ein Arbeitnehmer so frühzeitig wie möglich seinem Arbeitgeber gegenüber geltend machen, je nach Landesgesetz spätestens vier oder sechs Wochen vor Beginn der Veranstaltung. Dabei muss der Arbeitnehmer folgende Unterlagen vorlegen:

- Zeitpunkt und Dauer der Veranstaltung
- Veranstalter
- Thema.

Der Arbeitgeber kann die Arbeitsbefreiung ablehnen, wenn – je nach Landesrecht – betriebliche, dringende betriebliche oder zwingende betriebliche Gründe entgegenstehen. Ein möglicher Ablehnungsgrund sind auch Urlaubswünsche anderer Arbeitnehmer, die unter sozialen Gesichtspunkten Vorrang verdienen. Der Arbeitgeber muss eine Ablehnung so früh wie möglich, je nach Landesgesetz zwei bis drei Wochen vor Beginn der Veranstaltung, dem Arbeitnehmer schriftlich mitteilen. Lehnt der Arbeitgeber die Freistellung ab, kann der Arbeitnehmer nur versuchen, seinen Anspruch auf Bildungsurlaub beim Arbeitsgericht durchzusetzen. Die Beanspruchung von Bildungsurlaub ist bei Arbeitgebern nicht beliebt; nur ein geringer Prozentsatz der Arbeitnehmer nimmt das Recht auf Bildungsurlaub wahr.

4.4 Arztbesuch während der Arbeitszeit

Frage 49: **In welchen Fällen kann ein Arbeitnehmer für die Zeit eines Arztbesuches während der Arbeitszeit Entgeltfortzahlung verlangen?**

Grundsätzlich sind Arbeitnehmer verpflichtet, persönliche Angelegenheiten außerhalb der Arbeitszeit zu regeln. In bestimmten Fällen ist ein Arbeitnehmer jedoch berechtigt, persönliche Angelegenheiten während der Arbeitszeit zu erledigen, ohne seinen Anspruch auf Vergütung zu verlieren. Dies regelt § 616 BGB. Für Arbeitnehmer im Anwendungsbereich des TVöD gilt § 29 TVöD.

Nach § 616 BGB behält ein Arbeitnehmer in Fällen vorübergehender Arbeitsverhinderung seinen Anspruch auf Vergütung. Darin heißt es: »Der zur Dienstleistung Verpflichtete wird des Anspruchs auf die Vergütung nicht dadurch verlustig, dass er für eine verhältnismäßig nicht erhebliche Zeit durch einen in seiner Person liegenden Grund ohne sein Verschulden an der Dienstleistung verhindert wird.« Anerkannte Verhinderungsgründe im Sinn des § 616 BGB sind z. B. Begräbnisse von Familienangehörigen, ein Unfall auf dem Weg zur Arbeit oder die eigene kirchliche und standesamtliche Eheschließung (BAG 17.04.1983 NJW 1983, S. 2600, BAG 17.10.1985 NJW 1986, S. 1066).

Info

Arztbesuche muss ein Arbeitnehmer grundsätzlich außerhalb der Arbeitszeit vornehmen.

Die Rechtsprechung erlaubt Arztbesuche während der Arbeitszeit unter Fortzahlung der Vergütung nach § 616 BGB, wenn die Untersuchung aus zwingenden medizinischen Gründen während der Arbeitszeit erfolgen muss.

Beispiele: Blutabnahme im nüchternen Zustand (BAG 27.06.1990, BAGE 65, S. 226), Röntgen im nüchternen Zustand, akute und sofort behandlungsbedürftige Beschwerden (BAG 29.02.1984 NZA 1984, S. 33).

§ 616 BGB zählt nicht zum zwingenden Arbeitnehmerschutzrecht. Der Anspruch auf Fortzahlung der Vergütung in Fällen kurzzeitiger unverschuldeter Verhinderung nach § 616 BGB kann durch Vereinbarung im Arbeitsvertrag, in einer Betriebsvereinbarung oder durch Tarifvertrag begrenzt oder ausgeschlossen werden. Gilt für einen Arbeitnehmer kein Tarifvertrag, sollte er seinen Arbeitsvertrag daraufhin durchlesen, ob er eine Einschränkung des Anspruchs aus § 616 BGB enthält, damit er nicht mit unberechtigten Ansprüchen an seinen Arbeitgeber herantritt.

Während § 616 BGB eine abstrakte Regelung ist, die erst durch die Rechtsprechung konkretisiert wurde, legt § 29 TVöD konkrete Anlässe fest, in denen Beschäftigte unter Fortzahlung der Vergütung von der Arbeit freigestellt werden. Darüber hinaus legt § 29 TVöD fest, wie lange ein Beschäftigter bei einem der genannten Anlässe unter Fortzahlung der Vergütung von der Arbeit freigestellt wird. Für eine ärztliche Behandlung wird bezahlte Arbeitsbefreiung nach § 29 Abs. 1 f.) TVöD gewährt, wenn die ärztliche Behandlung während der Arbeitszeit erfolgen muss. Die Arbeitsbefreiung wird für die erforderliche nachgewiesene Abwesenheitszeit einschließlich erforderlicher Wegezeiten gewährt.

Info

Der Begriff der »ärztlichen Behandlung« in § 29 TVöD erfasst nach einer Niederschrifterklärung auch ärztliche Untersuchungen und die ärztlich verordnete Behandlung. Damit ist z. B. eine physiotherapeutische Behandlung gemeint.

Zur Frage, wann ein Arztbesuch nach einer Tarifvorschrift während der Arbeitszeit notwendig ist, liegen einige Entscheidungen des Bundesarbeitsgerichts vor.

In einer Entscheidung des Bundesarbeitsgerichts aus dem Jahr 1984 (29.02.1984 – 5 AZR 92/82, BAGE 45, 171 ff.) musste sich ein Arbeitnehmer im Rahmen einer ärztlichen Behandlung einem Hörtest unterziehen. Der ihn behandelnde Facharzt bestimmte für diesen Text die Zeit zwischen 12:00 und 12:30 Uhr und bescheinigte dem Arbeitnehmer, dass ein Hörtest nicht in der Sprechstunde gemacht werden könne. Der Arbeitgeber weigerte sich, die ausgefallene Arbeitszeit zu bezahlten. Der Arbeitnehmer klagte den ausgefallenen Lohn ein.

Nach § 13 des in diesem Fall einschlägigen Manteltarifvertrags für Arbeiter und Angestellte in der Metallindustrie in Nordwürttemberg/Nordbaden vom 29. Oktober 1979 wird die Arbeitsvergütung für »die notwendig ausgefallene Arbeitszeit für Arztbesuch« gezahlt. Nach Ansicht des Gerichts ist ein Arztbesuch nicht nur dann notwendig, wenn der Arbeitnehmer den Arzt aus zwingenden medizinischen Gründen während der Arbeitszeit aufsuchen muss, sondern auch dann, wenn der Arbeitnehmer auf die Termingestaltung des Arztes keinen Einfluss nehmen kann und deshalb Arbeitszeit ausfällt.

Der Arbeitnehmer muss zwar versuchen, einen Termin außerhalb seiner Arbeitszeit zu bekommen. Wenn ihm der Arzt seines Vertrauens jedoch keinen Termin außerhalb der Arbeitszeit anbieten kann, ist der Arbeitnehmer jedoch berechtigt, einen Termin während seiner Arbeitszeit anzunehmen. Er kann nicht von seinem Arbeitgeber auf einen anderen Arzt verwiesen werden, der Termine außerhalb der Arbeitszeit anbietet.

4.5 Pflegezeit

Frage 50: Welche Möglichkeiten gibt das Pflegezeitgesetz einem Arbeitnehmer, der einen nahen Angehörigen in häuslicher Umgebung pflegen möchte?

Das Pflegezeitgesetz ist am 01.07.2008 in Kraft getreten. Ziel des Gesetzes ist es, Beschäftigten die Möglichkeit zu eröffnen, pflegebedürftige nahe Angehörige in häuslicher Umgebung zu pflegen und damit die Vereinbarkeit von Beruf und familiärer Pflege zu verbessern.

Die Regelungen aus dem Pflegezeitgesetz gründen auf zwei Säulen:
1. Bei unerwartetem Eintritt einer Pflegesituation (Beispiel: Schlaganfall) kurzfristig der Arbeit fernzubleiben (= kurzzeitige Arbeitsverhinderung)
2. Die völlige oder teilweise Freistellung von der Arbeitsleistung für bis zu sechs Monate, um einen nahen Angehörigen zu pflegen (= Pflegezeit)

Voraussetzungen der kurzzeitigen Arbeitsverhinderung nach § 2 PflegeZG ist eine akut aufgetretene Pflegesituation eines nahen Angehörigen, die es erforderlich macht, eine bedarfsgerechte Pflege zu organisieren oder eine pflegerische Versorgung sicherzustellen. Der Beschäftigte ist berechtigt, kurzfristig (also ohne Ankündigungszeit) bis zu zehn Arbeitstage der Arbeit fernzubleiben. Er muss seinem Arbeitgeber unverzüglich Folgendes mitteilen:
- seine Verhinderung an der Arbeitsleistung und
- die voraussichtliche Dauer der Arbeitsverhinderung.

Der Arbeitgeber kann eine ärztliche Bescheinigung über die Pflegebedürftigkeit des nahen Angehörigen und die Erforderlichkeit dessen, eine bedarfsgerechte Versorgung zu organisieren oder eine pflegerische Versorgung sicherzustellen, verlangen.

Das Pflegezeitgesetz verpflichtet den Arbeitgeber nicht dazu, die Vergütung an den Arbeitnehmer während der kurzzeitigen Arbeitsverhinderung nach § 2 PflegeZG fortzuzahlen. Nach § 2 Abs. 3 PflegeZG ist der Arbeitgeber zur Fortzahlung der Vergütung nur verpflichtet, wenn sich eine solche

Verpflichtung aus anderen gesetzlichen Vorschriften oder aufgrund Vereinbarung (Tarifvertrag, Arbeitsvertrag, Betriebsvereinbarung) ergibt. Als gesetzliche Vorschrift, aus der sich eine Fortzahlung zur Vergütung ergeben könnte, kommt § 616 BGB in Betracht (▸ Frage 2: Hat eine Pflegekraft für die Zeit eines Vorstellungsgesprächs bei einem anderen Arbeitgeber Anspruch auf Entgeltfortzahlung gegen ihren aktuellen Arbeitgeber?).

Ein Arbeitnehmer, der gegen seinen Arbeitgeber keinen Anspruch auf Fortzahlung der Vergütung hat, kann sich an die Pflegekasse seines Angehörigen wenden. Diese gewährt nach § 44 a Abs. 3 SGB XI für jeden Pflegebedürftigen eine Entgeltersatzleistung, die für höchstens zehn Arbeitstage gezahlt wird

Die Voraussetzungen für den Anspruch auf Pflegezeit nach § 3 PflegeZG sind:

- Der Beschäftigte möchte einen nahen Angehörigen in häuslicher Umgebung pflegen.
- Im Betrieb des Arbeitgebers sind in der Regel mehr als 15 Beschäftigte.
- Die Pflegezeit muss spätestens zehn Arbeitstage vor Beginn schriftlich angekündigt werden.
- Gleichzeitig mit der Ankündigung der Pflegezeit muss der Beschäftigte dem Arbeitgeber folgende Angaben zur gewünschten Pflegezeit machen:
  - Zeitraum (höchstens sechs Monate)
  - Umfang: also völlige oder teilweise Freistellung von der Arbeitspflicht (bei teilweiser Freistellung von der Arbeitspflicht ist auch die gewünschte Verteilung der Arbeitszeit anzugeben)
- Die Pflegebedürftigkeit des nahen Angehörigen muss der Angehörige durch Bescheinigung des Medizinischen Dienstes der Krankenversicherung nachweisen.

Grundsätzlich hat der Arbeitgeber den Wünschen des Beschäftigten zu entsprechen. Nur wenn dringende betriebliche Belange entgegenstehen, darf der Arbeitgeber das Pflegezeitverlangen ablehnen. Der Begriff »dringende betriebliche Belange« entspricht dem in § 15 Abs. 7 Nr. 4 BEEG. Danach setzt der Anspruch eines Arbeitnehmers auf Verringerung der Arbeitszeit während der Elternzeit voraus, dass keine dringenden betrieblichen Gründe entgegenstehen. Da teilweise in Gesetzen auch der Begriff »betrieblicher Grund« verwendet wird (für eine Ablehnung eines Teilzeitverlangens nach § 8 TzBfG genügt es, wenn der Arbeitgeber »betriebliche Gründe« geltend macht), ist davon auszugehen, dass es sich bei der Ablehnung der Pflegezeit schon um gewichtige Gründe handeln muss, die gegenüber dem Interesse des Beschäftigten vorrangig sind.

Frage 51: Wer ist »naher Angehöriger« im Sinn des Pflegezeitgesetzes?

Nach § 7 Abs. 3 PflegeZG sind folgende Personen nahe Angehörige im Sinn des Pflegezeitgesetzes:

- Großeltern, Eltern, Schwiegereltern, Stiefeltern,
- Ehegatte, Lebenspartner , Partner einer eheähnlichen oder lebenspartnerschaftsähnlichen Gemeinschaft, Geschwister, Ehegatten der Geschwister und Geschwister der Ehegatten, Lebenspartner der Geschwister und Geschwister der Lebenspartner,
- Kinder, Adoptiv- oder Pflegekinder, die Kinder, Adoptiv- oder Pflegekinder des Ehegatten oder Lebenspartners, Schwiegerkinder und Enkelkinder.

5 Schutz besonderer Personengruppen

5.1 Schutz schwerbehinderter Menschen

Frage 52: Inwiefern ist ein Arbeitgeber verpflichtet, bei der Besetzung freier Arbeitsplätze schwerbehinderte Menschen zu berücksichtigen?

Nach § 164 Abs. 1 SGB IX sind Arbeitgeber verpflichtet zu prüfen, ob freie Arbeitsplätze mit schwerbehinderten Menschen, insbesondere mit bei der Agentur für Arbeit arbeitsuchend gemeldeten schwerbehinderten Menschen, besetzt werden können. Um diese Verpflichtung zu erfüllen, muss sich jeder Arbeitgeber vor der Besetzung einer freien Stelle an die Agentur für Arbeit wenden und anfragen, ob ein geeigneter Bewerber gemeldet ist. Nimmt der Arbeitgeber diese Prüfung nicht vor, hat der Betriebsrat das Recht, die Zustimmung des vom Arbeitgeber ausgewählten Bewerbers nach § 99 Abs. 2 Nr. 1 BetrVG zu verweigern.

Ein Arbeitgeber aus dem Bereich des öffentlichen Dienstes muss der Agentur für Arbeit frei werdende und neu zu besetzende Arbeitsplätze melden und einen schwerbehinderten Bewerber, wenn dessen fachliche Eignung nicht offensichtlich fehlt, sogar zum Vorstellungsgespräch einladen (siehe § 165 SGB IX).

Darüber hinaus sind private und öffentliche Arbeitgeber, die im Jahresdurchschnitt monatlich über mindestens 20 Arbeitsplätze im Sinn des § 156 SGB IX verfügen, nach § 154 SGB IX verpflichtet, auf wenigstens 5 Prozent der Arbeitsplätze schwerbehinderte Menschen zu beschäftigen. Solange diese Beschäftigungsquote nicht erreicht ist, müssen Arbeitgeber für jeden unbesetzten Pflichtarbeitsplatz für schwerbehinderte Menschen eine Ausgleichsabgabe nach § 160 SGB IX entrichten.

Frage 53: Wie viele zusätzliche Urlaubstage können schwerbehinderte Menschen beanspruchen?

Die Zahl der zusätzlichen, bezahlten Urlaubstage für schwerbehinderte Menschen regelt § 208 SGB IX. Danach hängt die Zahl der Zusatz-Urlaubstage davon ab, auf wie viele Arbeitstage sich die regelmäßige Arbeitszeit in der Kalenderwoche verteilt. Ist ein schwerbehinderter Mensch regelmäßig an fünf Arbeitstagen in der Kalenderwoche beschäftigt, hat er einen Anspruch auf fünf zusätzliche Urlaubstage. Ist er vier Tage beschäftigt, verringert sich der Anspruch auf vier Tage usw. Soweit tarifliche, betriebliche oder sonstige Urlaubsregelungen für schwerbehinderte Menschen einen längeren Zusatzurlaub vorsehen, bleiben diese Regelungen von der gesetzlichen Regelung in § 208 SGB IX unberührt.

Frage 54: Inwieweit sind schwerbehinderte Menschen von Mehrarbeit freigestellt?

Nach § 207 SGB IX werden schwerbehinderte Menschen auf ihr Verlangen von Mehrarbeit freigestellt. Doch wie ist der Begriff der Mehrarbeit in dieser Vorschrift zu verstehen? Das Bundesarbeitsgericht (BAG 03.12.2002 – 9 AZR 462/01) hat als Maßstab § 3 Satz 1 ArbZG herangezogen, wonach die werktägliche Arbeitszeit der Arbeitnehmer acht Stunden nicht überschreiten darf.

Für schwerbehinderte Menschen bedeutet dies:

- Sie dürfen eine Arbeitsleistung, die an einem Arbeitstag über acht Stunden hinausgeht, verweigern.
- Wenn sie allerdings länger als acht Stunden an einem Arbeitstag arbeiten wollen, dürfen sie dies tun. Mehrarbeit zu leisten ist schwerbehinderten Menschen nicht verboten.

Frage 55: Wie sind schwerbehinderte Arbeitnehmer besonders gegen Kündigungen geschützt?

Der besondere Kündigungsschutz schwerbehinderter Menschen ist in den §§ 168 bis 175 SGB IX geregelt. Nach § 168 SGB IX muss der Arbeitgeber, bevor er das Arbeitsverhältnis mit einem schwerbehinderten Menschen kündigt, die Zustimmung des Integrationsamtes einholen. Dafür muss der Arbeitgeber bei dem zuständigen Integrationsamt einen schriftlichen Antrag stellen, in dem er Angaben zum Arbeitnehmer, zum Betrieb und zur Art der geplanten Kündigung macht.

Das Integrationsamt holt dann nach § 170 SGB IX Stellungnahmen des Betriebsrats bzw. Personalrats sowie der Schwerbehindertenvertretung im Betrieb ein und gibt auch dem schwerbehinderten Menschen, dessen Arbeitsverhältnis gekündigt werden soll, Gelegenheit zur Stellungnahme. Die Aufgabe des Integrationsamtes besteht allerdings nicht darin, wie ein Arbeitsgericht die Wirksamkeit der Kündigung zu prüfen. Das Integrationsamt hat nur die Aufgabe, zu prüfen, ob die Kündigung im Zusammenhang mit der Schwerbehinderung steht. Stimmt das Integrationsamt der Kündigung zu, ist der Arbeitgeber zur Kündigung berechtigt. Nach § 171 Abs. 3 SGB IX kann der Arbeitgeber die Kündigung nur innerhalb eines Monats nach Zustellung der Zustimmung des Integrationsamts erklären. Stimmt das Integrationsamt der Kündigung nicht zu, ist die Kündigung bereits aus diesem Grund unwirksam.

Zudem muss der Arbeitgeber vor der Abgabe einer Kündigungserklärung gegenüber einem schwerbehinderten Menschen die Schwerbehindertenvertretung anhören. Eine Kündigung ohne die Vorab-Beteiligung der Schwerbehindertenvertretung ist unwirksam (§ 178 Abs. 2 Satz 3 SGB IX). Da es gesetzlich nicht geregelt ist, ob der Arbeitgeber erst die Zustimmung des Integrationsamtes einholen oder die Schwerbehindertenvertretung anhören muss, stellt sich die Frage, in welcher Reihenfolge er vorzugehen hat. Mit Urteil vom 13.12.2018 (2 AZR 378/18) hat das Bundesarbeitsgericht diese Frage anders als erwartet geklärt: Der Arbeitgeber kann selbst entscheiden, ob er erst die Schwerbehindertenvertretung anhört oder ob er erst einen Antrag auf Zustimmung zur Kündigung beim Integrationsamt stellt.

5.2 Jugendschutz

Frage 56: Welche Regelungen zur Arbeitszeit muss der Arbeitgeber bei der Beschäftigung Jugendlicher im Pflegebereich einhalten?

Besondere Vorschriften zum Schutz arbeitender Kinder und Jugendlicher sind im Jugendarbeitsschutzgesetz geregelt.

1. Tägliche Arbeitszeit

- Dauer: höchstens acht Stunden (§ 8 Abs. 1 JArbSchG).
- Ausnahme: Wenn an einzelnen Werktagen die Arbeitszeit auf weniger als acht Stunden verkürzt ist, können Jugendliche an den übrigen Werktagen derselben Woche achteinhalb Stunden beschäftigt werden (§ 8 Abs. 2a JArbSchG).
- Lage: von 6:00 bis 23:00 Uhr (§ 14 Abs. 1 und § 14 Abs. 2 Nr. 2 JArbSchG).

2. Ruhepausen

- Dauer (§ 11 Abs. 1 JArbSchG):
  a) bei einer Arbeitszeit unter viereinhalb Stunden: keine Ruhepause erforderlich
  b) bei einer Arbeitszeit von viereinhalb bis zu sechs Stunden: 30 Minuten
  c) bei einer Arbeitszeit von mehr als sechs Stunden: 60 Minuten
- Lage (§ 11 Abs. 2 JArbSchG):
  a) frühestens eine Stunde nach Beginn der Arbeitszeit
  b) spätestens eine Stunde vor Ende der Arbeitszeit
  c) keine Beschäftigung länger als viereinhalb Stunden ohne Pause
- Aufenthalt (§ 11 Abs. 3 JArbSchG):
  Während der Pause darf den Jugendlichen der Aufenthalt in Arbeitsräumen nur gestattet werden, wenn die Arbeit in diesen Räumen während der Pause eingestellt wird und auch sonst die notwendige Erholung nicht beeinträchtigt wird.

3. Wöchentliche Arbeitszeit

- höchstens 40 Stunden (§ 8 Abs. 1 JArbSchG)

4. Ruhezeit (arbeitsfreie Zeit zwischen zwei Schichten):

- mindestens zwölf Stunden (§ 13 JArbSchG)

5. Fünf-Tage-Woche

Jugendliche dürfen nur an fünf Tagen in der Woche beschäftigt werden. Dabei soll die Lage der beiden freien Ruhetage möglichst so liegen, dass sie aufeinander folgen.

6. Beschäftigung an Samstagen

In Krankenhäusern, Alten-, Pflege- und Kinderheimen ist die Beschäftigung von Jugendlichen an Samstagen zulässig (§ 16 Abs. 2 Nr. 1 JArbSchG).

- Mindestens zwei Samstage im Monat sollen beschäftigungsfrei bleiben (siehe § 16 Abs. 2 Satz 2 JArbSchG). Das heißt nicht, dass zwei Samstage im Monat beschäftigungsfrei sein müssen.
- Ausgleich für Samstagsarbeit: Werden Jugendliche am Samstag beschäftigt, ist ihnen die Fünf-Tage-Woche durch Freistellung an einem anderen berufsschulfreien Arbeitstag derselben Woche sicherzustellen (§ 16 Abs. 3 Satz 1 JArbSchG).

7. Beschäftigung an Sonntagen

- In Krankenhäusern, Alten-, Pflege- und Kinderheimen ist die Beschäftigung von Jugendlichen an Sonntagen zulässig (§ 17 Abs. 2 Nr. 1 JArbSchG).
- Mindestens zwei Sonntage im Monat müssen beschäftigungsfrei bleiben. Dabei soll die Lage der freien Sonntage möglichst so liegen, dass jeder zweite Sonntag beschäftigungsfrei ist (§ 17 Abs. 2 Satz 2 JArbSchG).
- Ausgleich für Sonntagsarbeit: Werden Jugendliche an einem Sonntag beschäftigt, ist ihnen die fünf-Tage-Woche durch Freistellung an einem anderen berufsschulfreien Tag derselben Woche sicherzustellen (§ 17 Abs. 3 Satz 1 JArbSchG).

8. Beschäftigung an Feiertagen

- In Krankenhäusern, Alten-, Pflege- und Kinderheimen ist die Beschäftigung von Jugendlichen an gesetzlichen Feiertagen grundsätzlich zulässig (§ 18 Abs. 2 JArbSchG).

- An folgenden Tagen bzw. Feiertagen dürfen Jugendliche nicht beschäftigt werden:
  a) Am 24.12. und am 31.12. nicht mehr nach 14:00 Uhr.
  b) Am 25.12., am 01.01., am ersten Osterfeiertag, am 1. Mai.

5.3 Mutterschutz

Frage 57: Welche für den Pflegebereich relevanten Personengruppen werden in den Anwendungsbereich des Mutterschutzgesetzes einbezogen?

Zum 01.01.2018 sind die wesentlichen Regelungen des reformierten Mutterschutzgesetzes in Kraft getreten. Seither gilt das Gesetz nicht nur für Arbeitnehmerinnen, sondern auch für Schülerinnen, Praktikantinnen und Studentinnen. Deshalb steht die Abkürzung »Mutterschutzgesetz« nicht mehr für »Gesetz zum Schutze der erwerbstätigen Mutter«, sondern für »Gesetz zum Schutz von Müttern bei der Arbeit, in der Ausbildung und im Studium«.

Frage 58: Ist eine schwangere Pflegekraft verpflichtet, ihre Schwangerschaft dem Arbeitgeber mitzuteilen, sobald sie davon weiß?

Nach § 15 Abs. 1 MuSchG »soll« eine schwangere Frau ihrem Arbeitgeber ihre Schwangerschaft und den voraussichtlichen Tag der Entbindung mitteilen, sobald sie weiß, dass sie schwanger ist. Hätte der Gesetzgeber eine Pflicht zur Mitteilung aufstellen wollen, hätte er nicht das Wort »sollen«, sondern das Wort »müssen« gewählt. Die Schwangere ist aus § 15 MuSchG rechtlich also nicht verpflichtet, ihren Arbeitgeber sofort über ihrer Schwangerschaft zu informieren.

Gerade im Pflegebereich hat der Arbeitgeber jedoch zahlreiche generelle Beschäftigungsverbote für schwangere Frauen zu beachten. Eine Pflegekraft, die ihren Arbeitgeber womöglich sogar so lange nicht über die Schwangerschaft informiert, bis die Schwangerschaft offensichtlich ist, darf ihren

Arbeitgeber nicht für die Nichteinhaltung von Beschäftigungsverboten und für etwaige negative gesundheitliche Auswirkungen für sich oder für das Kind verantwortlich machen.

Frage 59: Welche Beschäftigungsverbote und sonstige Anforderungen gibt es für schwangere Frauen und stillende Mütter im Hinblick auf die zeitliche Lage der Arbeitszeit?

- Verbot der Nachtarbeit zwischen 20:00 und 6:00 Uhr (§ 5 Abs. 1 MuSchG). Neu eingeführt durch die Reform des Mutterschutzgesetzes wurde folgende Ergänzung: Eine Beschäftigung bis 22:00 Uhr ist zulässig, wenn die Aufsichtsbehörde nach § 28 MuSchG genehmigt. Für die Genehmigung müssen folgende Voraussetzungen vorliegen: Die Frau muss zur verlängerten Arbeitszeit bis 22:00 Uhr ausdrücklich bereit sein, nach ärztlichem Zeugnis darf es keine Einwendungen gegen die verlängerte Arbeitszeit geben und eine unverantwortliche Gefährdung für die schwangere Frau oder ihr Kind durch Alleinarbeit ist ausgeschlossen.
- Verbot der Mehrarbeit (§ 4 MuSchG). Mehrarbeit ist jede Arbeit, die
  a) von Frauen unter 18 Jahren über acht Stunden täglich oder 80 Stunden in der Doppelwoche,
  b) von sonstigen Frauen über achteinhalb Stunden täglich oder 90 Stunden in der Doppelwoche

  hinaus geleistet wird.
- Ruhezeit: eine ununterbrochene Ruhezeit von mindestens elf Stunden nach Beendigung der täglichen Arbeitszeit (§ 4 Abs. 2 MuSchG)
- Sonn- und Feiertagsarbeit: Grundsätzlich darf der Arbeitgeber eine schwangere oder stillende Frau nicht an Sonn- und Feiertagen beschäftigen (§ 6 Abs. 1 Satz 1 MuSchG). Eine Beschäftigung einer schwangeren oder stillenden Frau an Sonn- und Feiertagen ist nach § 6 Abs. 1 Satz 2 MuSchG zulässig, wenn folgende Voraussetzungen alle gegeben sind:
  1. die Frau muss ausdrücklich ihre Bereitschaft dazu erklären,
  2. es muss nach dem Arbeitszeitgesetz eine Ausnahme vom Verbot der Arbeit an Sonn- und Feiertagen nach § 10 ArbZG vorliegen [das ist im Pflegebereich der Fall, siehe § 10 Abs. 1 Nr. 3 ArbZG],

3. der Frau muss in jeder Woche im Anschluss an eine ununterbrochene Nachtruhe von mindestens elf Stunden ein Ersatzruhetag gewährt werden und
4. eine unverantwortliche Gefährdung für die schwangere Frau oder ihr Kind durch Alleinarbeit muss ausgeschlossen sein.

Frage 60: Welche generellen Beschäftigungsverbote bestehen für schwangere Pflegekräfte?

Generelle Beschäftigungsverbote, die unabhängig von der individuellen körperlichen Konstitution der schwangeren Frau gelten, sind in § 11 MuSchG aufgeführt.

Folgende Tätigkeiten sind schwangeren Pflegekräften nicht erlaubt:

- Tätigkeiten oder Arbeitsbedingungen, bei denen die schwangere Frau in einem Maß Gefahrstoffen ausgesetzt ist oder sein kann, dass dies für sie oder ihr Kind eine unverantwortbare Gefährdung darstellt.
- Tätigkeiten oder Arbeitsbedingungen, bei denen die schwangere Frau körperlichen Belastungen in einem Maß ausgesetzt ist oder sein kann, dass dies für sie oder ihr Kind eine unverantwortliche Gefährdung darstellt:
  1. Beschäftigung mit Arbeiten, bei denen regelmäßig Lasten von mehr als fünf Kilogramm Gewicht oder gelegentlich Lasten von mehr als zehn Kilogramm Gewicht ohne mechanische Hilfe von Hand gehoben, gehalten, bewegt oder befördert werden.
  2. Nach Ablauf des fünften Schwangerschaftsmonats Beschäftigung mit Arbeiten, bei denen die Schwangere ständig stehen muss, soweit diese Beschäftigung täglich vier Stunden überschreitet.
  3. Beschäftigung mit Arbeiten, bei denen sich die Schwangere häufig erheblich strecken oder beugen muss.
  4. Einsatz auf Beförderungsmitteln, wenn dies für die Schwangere oder ihr Kind eine unverantwortliche Gefährdung darstellt.
  5. Arbeiten, bei denen die Schwangere erhöhten Unfallgefahren ausgesetzt ist.

Konkret sind unter anderem folgende typische Tätigkeiten einer Pflegekraft betroffen, die eine schwangere Pflegekraft generell nicht ausführen darf: Bettenmachen, Heben von Patienten, Injektionen, Umgang mit infektiösen Patienten und Materialien, Begleitung ins Bad, Begleitung gehunsicherer oder sturzgefährdeter Patienten, OP-Bereich, Intensivstation, Röntgen.

Frage 61: Welche Tätigkeiten darf eine schwangere Pflegekraft im Pflegebereich überhaupt ausführen?

Folgende Beschäftigungen kann der Arbeitgeber einer schwangeren Pflegekraft als Ersatztätigkeit zuweisen:

- Erstgespräche mit Patienten, Erstellen der Pflegeplanung
- Beratung von Patienten und ihren rechtlichen Betreuern
- Administrative Tätigkeiten
- Organisatorische Bürotätigkeiten, z. B. Materialordnung, Schreibarbeiten, Telefonate
- Vorbereitung von Medikamenten (außer gefährlichen Substanzen)
- Vorbereiten und Austeilen von Mahlzeiten
- Teilnahme an Fort- oder Weiterbildungen
- Organisation von Fort- oder Weiterbildungen

Frage 62: Inwiefern ist eine schwangere Pflegekraft gegen eine Kündigung ihres Arbeitsverhältnisses geschützt?

Die Kündigung gegenüber einer Frau ist nach § 17 Abs. 1 Satz 1 MuSchG während der gesamten Dauer der Schwangerschaft und bis zum Ablauf von vier Monaten nach der Entbindung unzulässig. Nach neuer Rechtslage ist auch eine Kündigung gegenüber einer Frau, die nach der zwölften Schwangerschaftswoche eine Fehlgeburt hatte, bis zum Ablauf von vier Monaten nach der Fehlgeburt unzulässig.

Voraussetzung für diesen besonderen Kündigungsschutz ist,

- dass der Arbeitgeber zur Zeit der Kündigung von der Schwangerschaft, der Fehlgeburt nach der zwölften Schwangerschaftswoche oder der Entbindung wusste oder
- dass dem Arbeitgeber innerhalb von zwei Wochen nach Zugang der Kündigung die Schwangerschaft, Fehlgeburt nach der zwölften Schwangerschaftswoche oder Entbindung mitgeteilt wird.

Die Frist kann überschritten werden, wenn die Fristüberschreitung auf einem Grund beruht, der von der Frau nicht zu vertreten ist und wenn die Mitteilung an den Arbeitgeber unverzüglich nachgeholt wird.

Zur Überschreitung der Zwei-Wochen-Frist der entsprechenden Fassung des § 9 Abs. 1 des Mutterschutzgesetzes in der Fassung vor der Reform gibt es eine Entscheidung des Landesarbeitsgerichts Hamm (Westfalen) aus dem Jahr 2006 (LAG Hamm (Westfalen) 17.10.2006 – 9 Sa 1503/05).

Die 1969 geborene Klägerin arbeitet in Teilzeit als Krankenschwester in der häuslichen Alten- und Krankenpflege. Mit Schreiben vom 02.02.2005, am gleichen Tag per Bote übermittelt, kündigte die Arbeitgeberin das Arbeitsverhältnis wegen verschiedener Pflichtverletzungen fristlos. Die Krankenschwester erhob Kündigungsschutzklage durch einen Rechtsanwalt. Am 17.02.2005 erfuhr sie von ihrer Frauenärztin, dass sie in der fünften Woche schwanger sei. Dies teilte sie ihrem Anwalt mit. Der Anwalt informierte den gegnerischen Rechtsanwalt mit Schreiben vom 28.02.2005, das dem gegnerischen Anwalt am 02.03.2005 zuging.

Die Frage war nun, ob die Mitteilung an den Arbeitgeber noch »unverzüglich« im Sinn des § 9 Abs. 1 MuSchG nachgeholt worden war und ob sich die Krankenschwester infolgedessen auf den Kündigungsschutz Schwangerer berufen durfte. – Das Landesarbeitsgericht Hamm gab der Krankenschwester Recht. In diesem Fall lagen zwar zwischen dem Tag, an dem die Klägerin von ihrer Schwangerschaft erfuhr, und dem Tag, an dem der Arbeitgeber von der Schwangerschaft Kenntnis erlangte, 13 Kalendertage. In Anbetracht der Umstände des Einzelfalls konnte diese Zeitspanne jedoch noch als »unverzüglich« im Sinn des § 9 MuSchG angesehen werden.

Zwar soll die Zwei-Wochen-Frist Rechtssicherheit und Rechtsklarheit für den Arbeitgeber schaffen, andererseits soll der Kündigungsschutz im Mutterschutzgesetz der werdenden Mutter eine Fürsorge bieten, wie das Grundgesetz sie verlangt. Ein Argument, das für die Krankenschwester sprach, war, dass diese bereits Kündigungsschutzklage erhoben hatte. Der Pflegedienst wusste also bereits, dass die Klägerin gerichtlich gegen die Kündigung vorging und konnte sich nicht darauf verlassen, dass das Arbeitsverhältnis mit der Krankenschwester aus rechtlicher Sicht abgeschlossen werden konnte. Insbesondere, so das Gericht, sei es nicht zu beanstanden, dass es die Klägerin im bereits laufenden Kündigungsschutzprozess ihrem Anwalt überlässt, ihren Arbeitgeber über die Schwangerschaft zu informieren.

Frage 63: **Wie lang sind die Mutterschutzfristen vor und nach einer Geburt?**

Eine schwangere Frau darf nach § 3 Abs. 1 MuSchG in den letzten sechs Wochen vor der Entbindung nicht beschäftigt werden (Schutzfrist vor der Entbindung), es sei denn, die erklärt sich ausdrücklich zur Arbeitsleistung bereit. Die Erklärung kann die schwangere Frau jederzeit widerrufen. Maßgeblich für die Berechnung der Schutzfrist ist der voraussichtliche Tag der Entbindung, wie er sich aus dem ärztlichen Zeugnis oder dem Zeugnis einer Hebamme oder eines Entbindungspflegers ergibt. Entbindet eine Frau nicht am voraussichtlichen Tag, verkürzt oder verlängert sich die Schutzfrist vor der Entbindung entsprechend.

Das Beschäftigungsverbot nach der Entbindung richtet sich nach § 3 Abs. 2 MuSchG. Hier wird folgendermaßen unterschieden:

- Grundsätzlich dauert die Schutzfrist nach der Entbindung nach einer Geburt acht Wochen. In dieser Zeit darf der Arbeitgeber eine Frau nach der Entbindung nicht beschäftigen
- Bei Früh- und Mehrlingsgeburten dauert die Schutzfrist zwölf Wochen.
- Neu ist seit der Reform des Mutterschutzgesetzes seit dem 01.01.2018: Die Schutzfrist nach der Entbindung verlängert sich auf Wunsch der Frau auch dann auf zwölf Wochen, wenn vor Ablauf von acht Wo-

chen nach der Entbindung bei dem Kind eine Behinderung im Sinn von § 2 Abs. 1 Satz 1 SGB IX ärztlich festgestellt wird.

- Bei einer Frühgeburt und einer sonstigen vorzeitigen Entbindung verlängert sich die Schutzfrist nach der Geburt noch zusätzlich um den Zeitraum, der vor der Entbindung nicht in Anspruch genommen werden konnte.

Beispiel **Beginn der sechswöchigen Schutzfrist**

Der vom Arzt errechnete Entbindungstag ist der 07.11.2019. Die sechswöchige Schutzfrist vor der Entbindung beginnt dann am 26.09.2019. Nun wird das Kind aber schon am 31.10.2019 geboren, also eine Woche zu früh. Damit konnte die Schwangere sieben Tage ihres Mutterschutzes vor der Geburt nicht in Anspruch nehmen. Deshalb wird die achtwöchige Schutzfrist nach der Geburt um eine Woche verlängert.

Frage 64: **Dürfen Schülerinnen der Gesundheits- und Krankenpflegeausbildung trotz der Schutzfrist nach der Entbindung im Rahmen der schulischen Ausbildung tätig werden?**

Ja, wenn die Frau es ausdrücklich gegenüber ihrer Ausbildungsstelle verlangt. Die Frau kann ihre Erklärung jederzeit mit Wirkung für die Zukunft widerrufen, siehe § 3 Abs. 3 MuSchG.

5.4 Elternzeit

Frage 65: **Wie ist der Anspruch auf Elternzeit arbeitsrechtlich ausgestaltet?**

Der Anspruch auf Elternzeit für Arbeitnehmerinnen und Arbeitnehmer ist in den §§ 15 ff. BEEG geregelt. Die Elternzeit ist arbeitsrechtlich betrachtet ein Anspruch gegen den Arbeitgeber auf völlige oder teilweise Freistellung von der Arbeitspflicht, wobei für die Zeit der Nichtarbeit keine Vergütung gezahlt wird. Die Elternzeit kann von jedem Elternteil gegenüber dem jeweiligen Arbeitgeber beansprucht werden. Auch Auszubildende haben einen Anspruch auf Elternzeit (siehe § 20 Abs. 1 BEEG).

Grundsätzlich besteht der Anspruch auf Elternzeit für drei Jahre, also bis zum dritten Geburtstag des Kindes. Ein Anteil der Elternzeit von bis zu 24 Monaten kann auf die Zeit zwischen dem dritten Geburtstag und dem achten Geburtstag des Kindes übertragen werden (siehe § 15 Abs. 2 BEEG). Die Elternzeit kann auch anteilig, von jedem Elternteil allein oder von beiden Elternteilen gemeinsam genommen werden.

Frage 66: Wann und wie muss die Elternzeit beim Arbeitgeber in Anspruch genommen werden?

Die Antragsfrist hängt davon ab, für welchen Zeitraum die Arbeitnehmerin oder der Arbeitnehmer Elternzeit beanspruchen will. Will eine Arbeitnehmerin Elternzeit für den Zeitraum bis zum dritten Geburtstag des Kindes beanspruchen, muss sie die Elternzeit spätestens sieben Wochen vor Beginn der Elternzeit schriftlich vom Arbeitgeber verlangen. Will eine Arbeitnehmerin hingegen Elternzeit für den Zeitraum zwischen dem dritten Lebensjahr und dem achten Lebensjahr des Kindes beanspruchen, muss sie die Elternzeit spätestens 13 Wochen vor Beginn der Elternzeit schriftlich vom Arbeitgeber verlangen (siehe § 16 Abs. 1 BEEG).

Ist es der Arbeitnehmerin oder dem Arbeitnehmer aus dringenden Gründen (z. B. einer Frühgeburt oder einer vorzeitigen Geburt) nicht möglich, die Frist von sieben Wochen einzuhalten, genügt auch eine angemessene kürzere Frist (siehe § 16 Abs. 1 Satz 3 BEEG).

Nimmt die Mutter die Elternzeit im Anschluss an die Mutterschutzfrist, wird die Zeit der Mutterschutzfrist nach § 3 Abs. 2 und 3 MuSchG auf die Elternzeit angerechnet. Die Elternzeit verlängert sich durch die Mutterschutzfrist also nicht.

Im Unterschied zum Antrag eines Arbeitnehmers auf Erholungsurlaub, der nur dann rechtswirksam ist, wenn der Arbeitgeber ihn gewährt, ist die Elternzeit als Anspruch ausgestaltet. Das bedeutet: Die Inanspruchnahme der Elternzeit setzt nicht die Zustimmung des Arbeitgebers voraus, sondern der Anspruch entsteht nach den gesetzlichen Voraussetzungen, sobald der Arbeitnehmer ihn geltend macht.

Es genügt, wenn in dem Schreiben, mit dem ein Arbeitnehmer Elternzeit verlangt, z. B. Folgendes steht: »Am ... (Datum) kommt nach ärztlichem Gutachten mein erstes Kind zur Welt. Ab diesem Tag werde ich für drei Jahre in Elternzeit sein. Bitte bestätigen Sie mir die Elternzeit schriftlich.«

Der Arbeitgeber ist verpflichtet, dem Arbeitnehmer die Elternzeit schriftlich zu bescheinigen § 16 Abs. 1 Satz 8 BEEG).

Wichtig **Zwischenzeugnis ausstellen lassen**

Plant der Arbeitnehmer eine längere Elternzeit, hat er Anspruch auf ein Zwischenzeugnis.

Frage 67: Unter welchen Voraussetzungen dürfen Eltern während der Elternzeit erwerbstätig sein?

Die Möglichkeiten zur Erwerbstätigkeit während der Elternzeit ist in § 15 Abs. 4 bis 7 BEEG geregelt. Der Arbeitnehmer darf während der Elternzeit nicht mehr als 30 Wochenstunden im Durchschnitt des Monats erwerbstätig sein.

Dabei gibt es drei Möglichkeiten:

1. Eine Teilzeittätigkeit bei dem Arbeitgeber, bei dem Elternzeit in Anspruch genommen wird
2. Eine Teilzeittätigkeit bei einem anderen Arbeitgeber
3. Eine selbstständige Tätigkeit

Für die Möglichkeiten 2 und 3 benötigt der Arbeitnehmer die Zustimmung des Arbeitgebers, bei dem er Elternzeit nimmt. Der Arbeitgeber kann die Erwerbstätigkeit nur innerhalb von vier Wochen aus dringenden betrieblichen Gründen ablehnen, wobei die Ablehnung schriftlich erfolgen muss (siehe § 15 Abs. 4 BEEG).

Für den Anspruch auf Teilzeitarbeit bei dem Arbeitgeber, bei dem Elternzeit genommen wird, gelten folgende Voraussetzungen (siehe § 15 Abs. 7 BEEG):

- Der Arbeitgeber beschäftigt in der Regel mehr als 15 Arbeitnehmer (ohne Auszubildende),
- das Arbeitsverhältnis besteht länger als sechs Monate,
- die Arbeitszeit soll für mindestens zwei Monate auf einen Umfang von nicht weniger als 15 und nicht mehr als 30 Wochenstunden im Durchschnitt des Monats verringert werden,
- dem Anspruch stehen keine dringenden betrieblichen Gründe entgegen und
- der Anspruch auf Teilzeit wurde dem Arbeitgeber
  a) für den Zeitraum bis zum dritten Geburtstag des Kindes sieben Wochen und
  b) für den Zeitraum zwischen dem dritten Geburtstag und dem achten Geburtstag des Kindes 13 Wochen

vor Beginn der Teilzeittätigkeit mitgeteilt.

Der Antrag muss den Beginn und den Umfang der verringerten Arbeitszeit enthalten. Es ist sinnvoll, die vom Arbeitnehmer / der Arbeitnehmerin gewünschte Verteilung der verringerten Arbeitszeit im Antrag anzugeben. Das weitere Vorgehen richtet sich nach § 15 Abs. 7 BEEG.

Frage 68: Kann der Arbeitnehmer die Elternzeit vorzeitig beenden?

Das hängt von den genaueren Umständen ab.

Es müssen mehrere Fallgruppen unterschieden werden:
- Eine Fallgruppe liegt nach § 16 Abs. 3 BEEG vor, wenn ein weiteres Kind geboren wird oder in Fällen besonderer Härte (insbesondere bei Eintritt einer schweren Krankheit, Schwerbehinderung, beim Tod eines Elternteils oder eines Kindes der Person, die Elternzeit beansprucht, oder bei erheblich gefährdeter wirtschaftlicher Existenz der Eltern nach Inanspruchnahme der Elternzeit): Dann kann der Arbeitgeber die vorzeitige Beendigung der Elternzeit nur innerhalb von vier Wochen aus dringenden betrieblichen Gründen ablehnen. Lehnt der Arbeitgeber die vorzeitige Beendigung der Elternzeit unberechtigt ab, kann der Arbeitnehmer die Einverständniserklärung des Arbeitgebers vor dem Arbeitsgericht einklagen.
- Stirbt das Kind während der Elternzeit, endet die Elternzeit spätestens drei Wochen nach dem Tod des Kindes (§ 16 Abs. 4 BEEG).
- Ansonsten gilt der Grundsatz des § 16 Abs. 3 Satz 1 BEEG: Die Elternzeit kann vorzeitig beendet werden, wenn der Arbeitgeber zustimmt.

Frage 69: Wie ist die rechtliche Situation im Hinblick auf den Arbeitsvertrag nach der Rückkehr aus der Elternzeit?

Die Elternzeit ist ein Anspruch auf unbezahlte Freistellung von der Arbeit. Während der Elternzeit ruhen die Hauptpflichten aus dem Arbeitsvertrag: Die Arbeitnehmerin ist nicht zur Arbeitsleistung verpflichtet, der Arbeitgeber muss keine Vergütung zahlen.

Nach Ende der Elternzeit leben die Pflichten aus dem Arbeitsvertrag wieder auf: Es gelten dann die gleichen arbeitsrechtlichen Bedingungen wie vor der Elternzeit. Hat eine Pflegekraft vor der Elternzeit Vollzeit gearbeitet, ist sie nach der Elternzeit arbeitsvertraglich verpflichtet, ihre Vollzeittätigkeit fortzusetzen.

6 Teilzeitarbeit, Brückenteilzeit und befristetes Arbeitsverhältnis

Frage 70: **Ein Arbeitnehmer möchte seine Arbeitszeit reduzieren. Welche rechtlichen Möglichkeiten gibt es dafür? Welche Vor- und Nachteile sollten bedacht werden?**

1. § 8 TzBfG verschafft einen allgemeinen Anspruch auf Teilzeitarbeit unter den dort genannten Voraussetzungen (▶ Frage 71: Unter welchen Voraussetzungen verschafft § 8 TzBfG einen Anspruch auf Verringerung der Arbeitszeit?). Besondere persönliche Voraussetzungen müssen für den Teilzeitanspruch nach § 8 TzBfG nicht vorliegen. Reduziert ein Arbeitnehmer seine Arbeitszeit auf der Grundlage des § 8 TzBfG, könnte es schwierig sein, die Arbeitszeit wieder zu erhöhen, denn eine Verlängerung der Arbeitszeit ist dann nur unter den Voraussetzungen des § 9 TzBfG möglich. Eine Arbeitszeitverringerung auf der Grundlage des § 8 TzBfG ist deshalb dann angebracht, wenn der Arbeitnehmer seine Arbeitszeit dauerhaft verringern möchte bzw. das Risiko in Kauf nimmt, seine Arbeitszeit nicht wieder erhöhen zu können.
2. Seit 01.01.2019 besteht ein Anspruch auf Brückenteilzeit auf der Grundlage des § 9a TzBfG. Bei der Brückenteilzeit handelt es sich um eine zeitlich begrenzte Teilzeitarbeit. Ziel der Brückenteilzeit ist, dass Arbeitnehmer freiwillig in Teilzeit arbeiten können, aber nicht unfreiwillig in Teilzeit verbleiben müssen. Der Anspruch auf Brückenteilzeit setzt wie der allgemeine Teilzeitanspruch aus § 8 TzBfG keine besonderen persönlichen Gründe voraus. (▶ Frage 72: Was sind die Voraussetzungen des Anspruchs auf Brückenteilzeit nach § 9a TzBfG? ff)
3. § 3 PflegeZG gewährt einen Anspruch auf Teilzeitzeitarbeit zur Pflege naher Angehöriger in häuslicher Umgebung (▶ Frage 50: Welche Mög-

lichkeiten gibt das Pflegezeitgesetz einem Arbeitnehmer, der einen nahen Angehörigen in häuslicher Umgebung pflegen möchte?)

4. § 15 Abs. 5 bis 7 BEEG gewährt einen Anspruch auf Teilzeitarbeit während der Elternzeit (▶ Frage 67: Unter welchen Voraussetzungen dürfen Eltern während der Elternzeit erwerbstätig sein?).
5. Für Beschäftigte im öffentlichen Dienst soll nach § 11 Abs. 1 TVöD auf Antrag eine geringere als die vertraglich vereinbarte Arbeitszeit vereinbart werden, wenn sie
   a) mindestens ein Kind unter 18 Jahren oder
   b) einen nach ärztl. Gutachten pflegebedürftigen sonstigen Angehörigen tatsächlich betreuen oder pflegen und dringende dienstliche bzw. betriebliche Belange nicht entgegenstehen. Die Teilzeitbeschäftigung ist auf bis zu fünf Jahre zu befristen. Sie kann verlängert werden. Der Antrag ist spätestens sechs Monate vor Ablauf der vereinbarten Teilzeitbeschäftigung zu stellen.

- Beschäftigte im öffentlichen Dienst, die aus anderen als den in § 11 Abs. 1 TVöD genannten Gründen eine Teilzeitbeschäftigung wünschen, können nach § 11 Abs. 2 TVöD von ihrem Arbeitgeber verlangen, dass er mit ihnen die Möglichkeit einer Teilzeitbeschäftigung mit dem Ziel erörtert, zu einer entsprechenden Vereinbarung zu gelangen.

6

Frage 71: Unter welchen Voraussetzungen verschafft § 8 TzBfG einen Anspruch auf Verringerung der Arbeitszeit?

Ein Arbeitnehmer kann nach § 8 TzBfG unter folgenden Voraussetzungen verlangen, dass seine vertraglich vereinbarte Arbeitszeit verringert wird:

- Das Arbeitsverhältnis hat länger als sechs Monate bestanden.
- Der Arbeitgeber muss in der Regel mehr als 15 Arbeitnehmer beschäftigen (ohne die Auszubildenden).
- Hat der Arbeitnehmer schon einmal eine Verringerung der Arbeitszeit verlangt, kann er eine erneute Verringerung der Arbeitszeit frühestens nach Ablauf von zwei Jahren, nachdem der Arbeitgeber einer Verringerung zugestimmt oder sie berechtigt abgelehnt hat, verlangen.
- Der Arbeitnehmer muss die Verringerung seiner Arbeitszeit und den Umfang der Verringerung spätestens drei Monate vor deren Beginn in

Textform (also per E-Mail, Fax oder Brief) geltend machen. Dabei soll er die gewünschte Verteilung der Arbeitszeit angeben. – Es ist empfehlenswert, im Antrag möglichst mehrere Varianten zur Verteilung der Arbeitszeit anzugeben. Dies erleichtert eine Einigung mit dem Arbeitgeber.

- Wenn betriebliche Gründe nicht entgegenstehen, muss der Arbeitgeber der Verringerung der Arbeitszeit zustimmen und ihre Verteilung entsprechend den Wünschen des Arbeitnehmers festlegen. Ein betrieblicher Grund, mit dem ein Arbeitgeber einen Teilzeitantrag ablehnen kann, liegt nach § 8 Abs. 4 Satz 2 TzBfG insbesondere vor, wenn die Verringerung der Arbeitszeit die Organisation, den Arbeitsablauf oder die Sicherheit im Betrieb wesentlich beeinträchtigt oder unverhältnismäßige Kosten verursacht.

Info

Die Tatsache, dass Übergabegespräche beim Einsatz von Teilzeitkräften mehr Arbeitszeit erfordern, ist kein geeigneter betrieblicher Grund im Sinn des § 8 TzBfG (Arbeitsgericht Mönchengladbach 30.05.2001 – 5 Ca 1157/01). – Muss für eine Ersatzkraft, die im Fall der Bewilligung des Teilzeitwunsches im Umfang von neun Wochenstunden eingestellt werden müsste, ein zusätzlicher Dienstwagen angeschafft werden, ist dies ein geeigneter Ablehnungsgrund (LAG Niedersachsen 18.11.2001 NZA-RR 2003, S. 460).

Einigen sich Arbeitnehmer und Arbeitgeber über eine Verringerung der Arbeitszeit und über die Verteilung der Arbeitszeit, so hat der Arbeitgeber dem Arbeitnehmer das Ergebnis spätestens einen Monat vor Beginn schriftlich mitzuteilen.

Erhält der Arbeitnehmer nicht spätestens einen Monat vor beantragtem Beginn der Teilzeit eine schriftliche Nachricht vom Arbeitgeber – sei es eine Bestätigung der Arbeitszeitverringerung, sei es eine Ablehnung des Antrags –, tritt die vom Arbeitnehmer beantragte Teilzeit in Kraft (siehe § 8 Abs. 5 Satz 2 und 3 TzBfG).

Können sich Arbeitgeber und Arbeitnehmer nicht über den Antrag auf Verringerung der Arbeitszeit einigen und lehnt der Arbeitgeber den Antrag des Arbeitnehmers mindestens einen Monat vor dem beantragten Beginn der Teilzeit ab, kann der Arbeitnehmer Klage beim Arbeitsgericht erheben, um seinen Anspruch durchzusetzen.

Frage 72: Was sind die Voraussetzungen des Anspruchs auf Brückenteilzeit nach § 9a TzBfG?

Seit 01.01.2019 besteht ein Anspruch auf Brückenteilzeit auf der Grundlage des § 9a TzBfG unter folgenden Voraussetzungen:

- Das Arbeitsverhältnis hat länger als sechs Monate bestanden.
- Der Arbeitgeber beschäftigt in der Regel mehr als 45 Arbeitnehmer, wobei Auszubildende nicht mitzählen.
- Der Arbeitnehmer beantragt die Brückenteilzeit spätestens drei Monate vor deren Beginn. Der Antrag muss in Textform erfolgen, das heißt per E-Mail, Fax oder Brief.
- Der Antrag muss folgende Angaben enthalten:
  a) den gewünschten Beginn der Brückenteilzeit
  b) die Dauer der Brückenteilzeit (Der Zeitraum muss mindestens ein Jahr und er darf höchstens fünf Jahre betragen. Durch Tarifvertrag kann der Mindest- und der Höchstzeitraum verändert werden.)
  c) die gewünschte Verringerung der Arbeitszeit. Die gewünschte Verteilung der Arbeitszeit muss der Arbeitnehmer in seinem Antrag auf Brückenteilzeit nicht zwingend angeben; er kann sie auch dem Arbeitgeber überlassen.

Info

Der Anspruch auf Brückenteilzeit setzt nicht voraus, dass der Arbeitnehmer Vollzeit arbeitet. Auch Teilzeitarbeitskräfte können Brückenteilzeit beanspruchen.

Frage 73: **Wie muss der Arbeitgeber mit dem Antrag des Arbeitnehmers auf Brückenteilzeit umgehen?**

Der Arbeitgeber muss dem Arbeitnehmer spätestens einen Monat vor dem gewünschten Beginn der Brückenteilzeit seine Entscheidung über den Antrag des Arbeitnehmers mitteilen, und zwar schriftlich, in Papierform.

Hat der Arbeitgeber den Antrag des Arbeitnehmers nicht mindestens einen Monat vor dem vom Arbeitnehmer gewünschten Beginn der Brückenteilzeit abgelehnt und haben sich Arbeitgeber und Arbeitnehmer nicht über die Verringerung der Arbeitszeit geeinigt, so verringert sich die Arbeitszeit kraft Gesetzes in dem vom Arbeitnehmer gewünschten Umfang (§ 9a Abs. 3 in Verbindung mit § 8 Abs. 5 Satz 2 TzBfG)

Frage 74: **Inwiefern spielt beim Anspruch auf Brückenteilzeit die Zahl der im Unternehmen beschäftigen Arbeitnehmer eine Rolle?**

Der Arbeitgeber kann den Antrag des Arbeitnehmers auf Brückenteilzeit im Hinblick auf die Zahl der in seinem Unternehmen beschäftigten Arbeitnehmer ablehnen: Beschäftigt der Arbeitnehmer zwar mehr als 45, jedoch nicht mehr als 200 Arbeitnehmer, ist er nur verpflichtet, einem Arbeitnehmer pro 15 Arbeitnehmern eine Brückenteilzeit zu gewähren.

Der Arbeitgeber kann den Antrag eines Arbeitnehmers auf Brückenteilzeit deshalb ablehnen, wenn zum Zeitpunkt des von diesem Arbeitnehmer begehrten Beginns der verringerten Arbeitszeit bei einer Arbeitnehmerzahl von 46 bis 60 Arbeitnehmern bereits mindestens vier Arbeitnehmer ihre Arbeitszeit aufgrund einer Brückenteilzeit verringert haben. Bei einer Beschäftigtenzahl von 61 bis 75 kann der Arbeitgeber einen weiteren Antrag auf Brückenteilzeit ablehnen, wenn bereits mindestens fünf Arbeitnehmer in Brückenteilzeit sind usw., siehe zur Staffelung § 9a Abs. 2, 2. Satz TzBfG.

Frage 75: Wann liegt ein betrieblicher Grund vor, dessentwegen der Arbeitgeber den Anspruch eines Arbeitnehmers auf Brückenteilzeit ablehnen kann?

§ 9a Abs. 2, 1. Satz TzBfG verweist für den Begriff des betrieblichen Grundes auf die entsprechende Anwendung des § 8 Abs. 4 TzBfG. Danach liegt ein betrieblicher Grund insbesondere vor, wenn die Verringerung der Arbeitszeit die Organisation, den Arbeitsablauf oder die Sicherheit im Betrieb wesentlich beeinträchtigt oder unverhältnismäßige Kosten verursacht.

Nach der Rechtsprechung zu § 8 Abs. 4 TzBfG muss sich der Teilzeitanspruch in das arbeitgeberseitig vorgegebene Organisationskonzept einfügen. Die Rechtsprechung verlangt vom Arbeitgeber, dass er ein Konzept darlegt, das von plausiblen wirtschaftlichen oder unternehmenspolitischen Gründen getragen ist. Das Konzept des Arbeitgebers kann vom Arbeitsgericht jedoch nicht auf seine Zweckmäßigkeit hin überprüft werden. Vom Arbeitgeber wird nur eine nachvollziehbare, rationale Begründung verlangt.

Frage 76: Ist eine Teilzeitkraft verpflichtet, Überstunden zu leisten?

Das hängt von verschiedenen Umständen ab.

Fällt das Arbeitsverhältnis in den Geltungsbereich des TVöD, so ist eine Teilzeitkraft nur dann verpflichtet, Überstunden zu leisten, wenn dies im Arbeitsvertrag vereinbart ist oder wenn sie zustimmt (siehe § 6 Abs. 5 TVöD).

Außerhalb des TVöD ist eine Teilzeitkraft zu Überstunden verpflichtet, wenn ihr Arbeitsvertrag die Verpflichtung enthält, Überstunden zu leisten.

Problematisch ist der Fall, wenn der TVöD nicht gilt und es keine Regelung im Arbeitsvertrag gibt. Die Frage, ob eine Teilzeitkraft dann Überstunden leisten muss, ist gesetzlich nicht geregelt und die Frage ist in der Fachliteratur umstritten. Überzeugt hat mich folgende Argumentation: Die Anordnung von Überstunden erfolgt durch Weisung des Arbeitgebers; das

Weisungsrecht hat der Arbeitgeber »nach billigem Ermessen« auszuüben (siehe § 106 GewO). Dabei hat der Arbeitgeber berechtigte Interessen des Arbeitnehmers zu berücksichtigen, dazu gehören unter anderem die Motive des Arbeitnehmers für die reduzierte Arbeitszeit.

Möchte sich ein Arbeitnehmer außerhalb der Arbeitszeit um seine Familie kümmern und hat er kleine Kinder, die betreut werden müssen, wird der Arbeitnehmer eher nicht dazu bereit sein, Überstunden zu leisten. Andererseits wird eine Arbeitnehmerin, die lieber eine Vollzeitstelle hätte, aber nur eine Teilzeitstelle gefunden hat, sehr gern Überstunden leisten. Kennt der Arbeitgeber die Motive des Arbeitnehmers für die Teilzeitbeschäftigung nicht, sollte die Regelung des TVöD auch auf Fälle angewandt werden, in denen weder der Arbeitsvertrag noch ein Tarifvertrag eine Regelung vorsieht: Der Arbeitnehmer ist dann zu Überstunden verpflichtet, wenn er zustimmt.

Frage 77: Eine Pflegekraft kehrt nach Ende der Elternzeit nicht mehr an ihren Arbeitsplatz zurück. Hat ihre Vertretungskraft einen Anspruch darauf, nach Ablauf des befristeten Vertretungsvertrages wieder eingestellt zu werden?

Grundsätzlich hat die Vertretungskraft keinen Anspruch auf eine Wiedereinstellung, wenn der Mitarbeiter, den sie vertritt, nach Ablauf des befristeten Arbeitsvertrages nicht wie geplant an den Arbeitsplatz zurückkehrt. Nach ständiger Rechtsprechung (z. B. LAG Rheinland-Pfalz 26.10.2007 – 9 Sa 120/07 Pflegerecht 2008, S. 163 ff.) bleibt eine Befristung auch dann wirksam, wenn der Grund für die Befristung nach Abschluss des befristeten Vertrages entfällt.

Es kommt nur darauf an, ob der Arbeitgeber im Zeitpunkt des Vertragsschlusses davon ausgehen durfte, er werde nur vorübergehend die Arbeitskraft der neu einzustellenden Person benötigen. Nimmt ein Mitarbeiter sein Recht auf Elternzeit in Anspruch und beschließt er im Lauf der Elternzeit, nach Ende der Elternzeit nicht mehr an seinen Arbeitsplatz zurückzukehren, bleibt die Befristung der Vertretungskraft wirksam. Die Vertretungskraft kann keine Weiterbeschäftigung verlangen. Dies gilt auch dann, wenn – entgegen der Prognose bei Vertragsschluss – aufgrund neuer Umstände die Weiterbeschäftigung der Vertretungskraft möglich wäre.

Durch den Abschluss eines befristeten Arbeitsvertrages hat der Arbeitgeber keinen Vertrauenstatbestand geschaffen, aufgrund dessen die Vertretungskraft davon ausgehen konnte, das Arbeitsverhältnis werde auch nach Fristablauf fortgesetzt. Bei einer rechtswirksamen Befristung des Vertrages muss der Arbeitnehmer davon ausgehen, dass er nach Fristablauf seinen Arbeitsplatz verliert und dass der Arbeitgeber berechtigt ist, eine neue Entscheidung über die Besetzung des Arbeitsplatzes zu treffen.

Anders ist die Rechtslage hingegen, wenn die Befristung im Vertretungsvertrag nicht rechtswirksam ist. Dies ist z. B. dann der Fall, wenn eine Arbeitnehmerin ihr Recht auf Elternzeit in Anspruch nimmt und ihrem Arbeitgeber, noch bevor dieser den Arbeitsvertrag mit der Vertretungskraft abschließt, sagt, sie werde nach Ende der Elternzeit nicht mehr an ihren Arbeitsplatz zurückkehren.

7 Dienstwagen

Frage 78: Welche Möglichkeiten gibt es, einen Dienstwagen im Pflegebereich einzusetzen?

- Nutzung des eigenen Autos der Pflegekraft im dienstlichen Interesse
- Überlassung eines Autos durch den Pflegedienst nur für Dienstfahrten
- Überlassung eines Autos durch den Pflegedienst für Dienstfahrten und zur privaten Nutzung

Frage 79: Ist es sinnvoll, die Nutzung eines Dienstwagens im ambulanten Pflegebereich durch schriftlichen Vertrag im Detail zu regeln?

Ja, eine schriftlich ausgearbeitete vertragliche Regelung schafft Rechtsklarheit und schützt sowohl den Pflegedienst als auch die Mitarbeiterin vor Überraschungen in Form hoch bezifferter Ansprüche auf Schadensersatz oder Nutzungsentschädigung. (Musterverträge für verschiedene Dienstwagen-Nutzungsmodelle finden sich in meinem Fachbuch »Arbeitsrecht für Pflegeberufe. Handbuch für die Praxis« im Kohlhammer Verlag.)

Bei einer vertraglichen Regelung ist auch zu berücksichtigen, dass alte Dienstwagennutzungsverträge unwirksam sein können, weil sie der im Jahr 2003 eingeführten Kontrolle für vorformulierte Verträge in den §§ 307 ff. BGB nicht standhalten.

Frage 80: Mit welchen Rechtsproblemen muss im Zusammenhang mit einem Dienstwagen hauptsächlich gerechnet werden?

Info
Bei jedem Nutzungsmodell kann es zum Rechtsstreit kommen, wenn der Arbeitnehmer während einer dienstlichen Fahrt einen Unfall verursacht. Es stellt sich dann die Frage, ob und inwieweit der Arbeitgeber für den Schaden, den der Arbeitnehmer verursacht hat, haftet.

Bei der Überlassung eines Dienstwagens nur für dienstliche Fahrten kann es Probleme geben, wenn der Arbeitnehmer den Dienstwagen unerlaubt für private Fahrten nutzt oder den Dienstwagen nicht unverzüglich herausgibt, sobald der Arbeitgeber die Herausgabe verlangt. Nutzt ein Arbeitnehmer den Dienstwagen auch nur gelegentlich für private Fahrten und weiß der Arbeitgeber davon, schreitet aber nicht ein, entsteht ein Rechtsanspruch des Arbeitnehmers auf private Nutzung. Meist ist sich der Arbeitgeber dessen gar nicht bewusst.

Die stillschweigende Entstehung eines Rechtsanspruchs auf private Nutzung hat für den Arbeitgeber zur Folge, dass er den Dienstwagen nicht mehr einfach vom Arbeitnehmer zu einem beliebigen Zeitpunkt herausverlangen kann, sondern unter Umständen dem Arbeitnehmer gegenüber zur Nutzungsentschädigung verpflichtet ist (Landesarbeitsgericht Rheinland-Pfalz 16.11.1996, NZA 1997, S. 942).

Die meisten Streitigkeiten treten erfahrungsgemäß auf, wenn ein ambulanter Pflegedienst einen Dienstwagen für Dienstfahrten und zur privaten Nutzung überlässt. Aus Arbeitgebersicht stellt sich die Frage, ob die private Nutzung des Autos eingeschränkt werden soll, ob z. B. nur die Arbeitnehmerin und ihre volljährigen Familienangehörigen mit Führerschein als Fahrer erlaubt sein sollen. Das Hauptproblem in der Praxis liegt darin, unter welchen Voraussetzungen der Arbeitgeber während des bestehenden Arbeitsverhältnisses die private Nutzung des Dienstwagens widerrufen und die Herausgabe des Dienstwagens verlangen kann. Damit verbunden ist die Frage, in welchen Fällen der Arbeitgeber dem Arbeitnehmer für den Entzug der privaten Nutzung des Dienstwagens eine Entschädigung zahlen muss.

Frage 81: **Im Arbeitsvertrag einer ambulanten Pflegekraft gibt es zum Dienstwagen folgende Vereinbarung: »Die Überlassung des Dienstwagens zur privaten Nutzung ist eine freiwillige Leistung des Arbeitgebers, die dieser jederzeit ohne Nutzungsentschädigung widerrufen kann.« Wie ist diese Klausel zu bewerten?**

Die Klausel ist unwirksam, weil sie nicht die konkreten Voraussetzungen nennt, die den Arbeitgeber zur Ausübung des Widerrufsrechts berechtigen. Damit wird das Gebot der Klarheit und Verständlichkeit in § 307 Abs. 1 Satz 2 BGB verletzt.

Das Bundesarbeitsgericht akzeptiert einen generellen Freiwilligkeitsvorbehalt des Arbeitgebers bei laufenden Leistungen wie einer Überlassung eines Dienstwagens auch zur privaten Nutzung nicht. Überlässt der Arbeitgeber einen Dienstwagen auch zur privaten Nutzung, wird die Gewährung der privaten Nutzung zum Bestandteil des Vergütungsanspruchs des Arbeitnehmers.

Ein ambulanter Pflegedienst, der einer Pflegekraft einen Dienstwagen auch zur privaten Nutzung überlässt, darf die private Nutzungsmöglichkeit nicht nach eigenem Belieben widerrufen. Ein Widerruf ist nur unter bestimmten Voraussetzungen möglich, in einigen Fällen muss der Arbeitgeber dem Arbeitnehmer für den Widerruf der privaten Nutzung eine Nutzungsentschädigung zahlen.

Frage 82: Wann muss die Pflegekraft einen zur privaten Nutzung überlassenen Dienstwagen zurückgeben?

Einer ambulanten Pflegekraft wurde ein Dienstwagen auch zur privaten Nutzung überlassen. Im Dienstwagen-Überlassungsvertrag gibt es keine Regelung zur Rückgabe des Dienstwagens. Muss die Pflegekraft den Dienstwagen zurückgeben

a) während einer vierwöchigen Krankheit?
b) während eines dreiwöchigen Erholungsurlaubs?
c) während des Mutterschutzes?

zu a)
Nein. Die Pflegekraft darf den Dienstwagen in der Zeit, in der sie arbeitsunfähig krank ist und vom Arbeitgeber Entgeltfortzahlung nach § 3 EFZG erhält, behalten (LAG Sachsen 13.01.1999 – 2 Sa 742/98). Ist der Arbeitnehmer jedoch länger krank, als er Anspruch auf Entgeltfortzahlung hat, muss er den Dienstwagen herausgeben (BAG 14.12.2010, 9 AZR 631/09).

zu b)
Nein. Die vereinbarte Privatnutzung des Dienstwagens erfasst grundsätzlich auch Zeiten des Erholungsurlaubs.

zu c)
Nein. Zwar schuldet der Arbeitgeber während der Mutterschutzfrist (▶ Frage 63: Wie lang sind die Mutterschutzfristen vor und nach einer Geburt?) der Arbeitnehmerin keine Fortzahlung der Vergütung, er muss aber einen Zuschuss zu dem von der Krankenkasse gezahlten Mutterschaftsgeld leisten (siehe § 20 Abs. 1 Satz 2 MuSchG). Nach einem Urteil des Bundesarbeitsgerichts schließt dieser Zuschuss die Weitergewährung von Sachbezügen grundsätzlich mit ein (BAG 11.10.2000 – 5 AZR 240/99 BAGE 96, S. 34).

7

Fazit **Möglichkeiten zur Vertragsgestaltung nutzen**

In allen drei Fällen hätte der ambulante Pflegedienst die Privatnutzung ausschließen und die Herausgabe des Dienstwagens verlangen können, aber nur wenn dies vertraglich klar vereinbart ist und nur gegen Zahlung einer Nutzungsentschädigung.

Frage 83: Eine ambulante Pflegekraft setzt ihr eigenes Auto als Dienstwagen ein. Während sie eine Kundin versorgt, werden die Scheibenwischer von Unbekannten abgerissen. Wer muss den Schaden bezahlen?

Das hängt davon ab, welche Zahlungen die Pflegekraft von ihrem Arbeitgeber dafür erhält, dass sie ihr privates Auto beruflich einsetzt. Zahlt der Arbeitgeber die nur steuerliche Kilometerpauschale, muss er die Reparatur bezahlen (BAG 14.12.1995 – 8 AZR 875/94). Die steuerliche Kilometerpauschale erfasst nämlich nicht die Aufwendungen für Kosten, die im Fall eines Unfalls aufzubringen sind (BAG 30.04.1992 – 8 AZR 409/91 AP Nr. 11 zu § 611 BGB Gefährdungshaftung des Arbeitgebers). Schäden, die während der Arbeitszeit der Pflegekraft an ihrem eigenen Auto entstehen, hat der Arbeitgeber zu ersetzen.

Zahlt der Pflegedienst zusätzlich zur steuerlichen Kilometerpauschale eine Risikopauschale, kann er die Haftung für das Unfallrisiko ausschließen, allerdings nur, wenn die Risikopauschale eine angemessene Höhe hat (BAG 08.05.1990 – 3 AZR 82/79). Für die Angemessenheit der Risikopauschale kommt es auf die Umstände des Einzelfalls an, vor allem auf den Wert des Fahrzeugs der Arbeitnehmerin.

8 Beendigung des Arbeitsverhältnisses und Möglichkeiten der Konfliktlösung, Mediation

Frage 84: Welche Möglichkeiten zur Beendigung eines Arbeitsverhältnisses gibt es?

Man unterscheidet die Beendigung eines Arbeitsverhältnisses durch einseitige Erklärung einer Vertragspartei und die Beendigung durch Vereinbarung beider Vertragsparteien, also Arbeitnehmer und Arbeitgeber.

1. Einseitige Beendigung des Arbeitsverhältnisses

- Kündigung
  - Ordentliche Kündigung: Sie wird nach Ablauf der Kündigungsfrist wirksam. Die Kündigungsfristen finden sich in § 622 BGB, im Arbeits- oder Tarifvertrag.
  - Außerordentliche Kündigung: Sie beendet das Arbeitsverhältnis in der Regel sofort und ist nur zulässig, wenn ein wichtiger Grund im Sinn des § 626 BGB vorliegt.
- Anfechtung des Arbeitsvertrages
  - Der Arbeitsvertrag kann sowohl vonseiten des Arbeitnehmers als auch vonseiten des Arbeitgebers angefochten werden, wenn ein Anfechtungsgrund vorliegt. Klassische Anfechtungsgründe sind falsche Antworten des Arbeitnehmers auf zulässige Fragen des Arbeitgebers im Vorstellungsgespräch (▶ Frage 3: Welche Fragen sind im Vorstellungsgespräch zulässig?).
  - Beispiel: Eine Bewerberin bei einem ambulanten Pflegedienst behauptet, einen Führerschein für Pkw zu haben. Sie hat aber keinen Führerschein.

2. Beendigung des Arbeitsverhältnisses durch Vereinbarung beider Vertragsparteien

- Aufhebungsvertrag: Der Grundsatz der Vertragsfreiheit ermöglicht es, das Arbeitsverhältnis jederzeit durch Vereinbarung zu beenden.
- Fristablauf beim befristeten Arbeitsverhältnis: Ein zeitlich (z. B. auf zwei Jahre) befristetes Arbeitsverhältnis endet mit Ablauf der vereinbarten Zeit, ohne dass eine weitere Erklärung durch den Arbeitgeber erforderlich wäre (siehe § 15 Abs. 1 TzBfG).
- Zweckerreichung beim zweckbefristeten Arbeitsverhältnis: Der klassische Fall eines zweckbefristeten Arbeitsvertrages ist die Krankheitsvertretung. Der Arbeitsvertrag mit der Krankheitsvertretung endet, wenn der Arbeitnehmer, den die Vertretungskraft vertritt, wieder arbeitsfähig ist. § 15 Abs. 2 TzBfG sieht dabei einen besonderen Schutz für die Vertretungskraft vor: Der Arbeitgeber muss die Vertretung zwei Wochen vor Ende des Arbeitsverhältnisses darüber informieren, dass der Zweck des Arbeitsverhältnisses (hier also Krankheitsvertretung) erreicht ist.

Frage 85: In welcher Form muss eine Kündigungserklärung abgegeben werden? Ist eine mündliche Kündigung zulässig? Ist eine Kündigung per Fax, Telegramm, E-Mail oder SMS zulässig?

Zum 01.05.2000 wurde ins BGB eine Vorschrift eingefügt, die die Schriftform der Kündigung regelt: § 623 BGB. Nach früherer Rechtslage war es auch möglich, eine Kündigung mündlich und sogar durch Verhalten (z. B. dem Räumen des Schreibtisches) zu erklären. Dies hatte zu Gerichtsprozessen geführt, in denen Zeugen darüber befragt wurden, ob während eines Streites am Arbeitsplatz eine Kündigung erklärt wurde.

§ 623 BGB lautet: »Die Beendigung von Arbeitsverhältnissen durch Kündigung oder Auflösungsvertrag bedürfen zu ihrer Wirksamkeit der Schriftform; die elektronische Form ist ausgeschlossen.« Die Kündigung eines Arbeitsvertrages muss also schriftlich abgegeben werden. Eine mündlich ausgesprochene Kündigungserklärung ist unwirksam. Sie beendet das Arbeitsverhältnis nicht. Die Regelung dient der Rechtsklarheit und der

Rechtssicherheit. Wer eine Kündigungserklärung schriftlich abgeben muss, wird genauer darüber nachdenken, ob er wirklich kündigen will. Dies beugt Kurzschlussreaktionen vor, die später womöglich bereut werden.

Schriftform bedeutet nach § 126 Abs. 1 BGB: die Urkunde muss vom Aussteller oder von seinem Bevollmächtigten eigenhändig durch Namensunterschrift unterzeichnet sein. Die Unterzeichnung mit einer Funktionsbezeichnung wie »Pflegedienstleitung« genügt den Anforderungen an eine Namensunterschrift nicht. Das Kündigungsschreiben selbst kann handschriftlich, maschinenschriftlich, fotokopiert oder auf andere Weise vervielfältigt sein. Es muss nicht zwingend das Wort »Kündigung« enthalten. Ausreichend ist, dass der Wille zur Beendigung des Arbeitsverhältnisses eindeutig ist.

Wird eine eigenhändig unterschriebene Kündigungserklärung per Fax oder Telegramm übermittelt, genügt dies dem Schriftformerfordernis des § 126 Abs. 1 BGB nicht (LAG Düsseldorf 27.05.2003 – 16 Sa 1453/02). Eine Kündigung per E-Mail oder SMS ist ebenfalls nichtig (LAG Hamm – 10 Sa 512/07). § 623 BGB schließt für die Schriftform der Kündigung nämlich ausdrücklich die elektronische Form aus. Hinzu kommt, dass weder eine E-Mail noch eine SMS eine eigenhändige Unterschrift enthalten, wie § 126 Abs. 1 BGB es für die Schriftform verlangt.

Frage 86: **Nach viereinhalb Jahren Arbeit in einem ambulanten Pflegedienst hat eine Pflegekraft eine neue Stelle. Wie lang ist die Kündigungsfrist, die sie einzuhalten hat, wenn es im Arbeitsvertrag keine Klausel zur Kündigungsfrist gibt?**

Wenn es im Arbeitsvertrag keine Vereinbarung zur Kündigungsfrist für den Arbeitnehmer gibt, gilt die Grundkündigungsfrist des § 622 Abs. 1 BGB. Danach kann das Arbeitsverhältnis mit einer Frist von vier Wochen zum Fünfzehnten oder zum Ende eines Kalendermonats gekündigt werden.

Beispiel Fristgerecht kündigen

Die Pflegekraft übergibt die schriftliche Kündigungserklärung am 14.10.2019 ihrer Arbeitgeberin. – Sie kann dann zum 15.11.2019 kündigen.

§ 622 Abs. 2 BGB sieht für Arbeitsverhältnisse von längerer Dauer längere Kündigungsfristen vor. Diese verlängerten Kündigungsfristen gelten jedoch nach dem Wortlaut des Gesetzes nur für die Kündigung durch den Arbeitgeber, also nicht für die Kündigung durch den Arbeitnehmer. Es ist zulässig, im Arbeitsvertrag zu vereinbaren, dass die verlängerten Kündigungsfristen des § 622 Abs. 2 BGB auch für die durch den Arbeitnehmer gelten sollen (Erfurter Kommentar (2019)/Müller-Glöge § 622 BGB, Rn 110).

Es ist allerdings nicht zulässig, für die Kündigung des Arbeitsverhältnisses durch den Arbeitnehmer längere Fristen zu vereinbaren als für die Kündigung durch den Arbeitgeber. Da es im oben genannten Fallbeispiel keine Klausel zur Kündigungsfrist gibt, gilt die Grundregel des § 622 Abs. 1 BGB.

Frage 87: Ein Arbeitnehmer überlegt, wie er die ordentliche Kündigung seines Arbeitsverhältnisses schriftlich ausformulieren soll.

1. Angabe des Absenders mit Adresse, gegebenenfalls Personalnummer
2. Adressat, also der Arbeitgeber, gegebenenfalls die Personalabteilung
3. Ort und Datum
4. Förmliche Anrede (»Sehr geehrte Frau xy«)
5. Kündigungserklärung: »Hiermit kündige ich das mit Ihnen seit ... (Datum) bestehende Arbeitsverhältnis ordentlich zum ... (Datum), hilfsweise zum nächstmöglichen Kündigungstermin.«
   Die zusätzliche Angabe zum hilfsweisen Kündigungstermin ist für den Fall sinnvoll, dass sich der Arbeitnehmer bei der Berechnung der Kündigungsfrist geirrt hat.
6. Eigenhändige Unterschrift

7. Aus Beweisgründen ist es sinnvoll, zwei (selbstverständlich identische) Kündigungsschreiben auszudrucken bzw. eines zu kopieren, auf beide die Originalunterschrift zu setzen und sich vom Arbeitgeber den Empfang des Kündigungsschreibens bestätigen zu lassen: »Hiermit bestätige ich den Empfang des Kündigungsschreibens.«
   Ort, Datum, Unterschrift des Arbeitgebers bzw. seines Bevollmächtigten

Frage 88: **Inwiefern schützt das Kündigungsschutzgesetz einen Arbeitnehmer vor Kündigungen?**

Die zentrale Vorschrift des Kündigungsschutzgesetzes ist § 1 Abs. 1 KSchG. Hier heißt es: Die Kündigung des Arbeitsverhältnisses gegenüber einem Arbeitnehmer, dessen Arbeitsverhältnis in demselben Betrieb oder Unternehmen ohne Unterbrechung länger als sechs Monate bestanden hat, ist rechtsunwirksam, wenn sie sozial ungerechtfertigt ist.
Kommt es zu einem Prozess vor dem Arbeitsgericht, weil der gekündigte Arbeitnehmer Kündigungsschutzklage erhebt, muss der Arbeitgeber darlegen und beweisen, dass seine Kündigung sozial gerechtfertigt ist. Das Erfordernis, eine Kündigung nach § 1 Satz 1 KSchG sozial zu rechtfertigen, betrifft nur ordentliche, nicht außerordentliche Kündigungen.

Die Gründe für eine soziale Rechtfertigung können personenbedingt, verhaltensbedingt oder betriebsbedingt sein.

Personenbedingte Gründe beruhen auf persönlichen Eigenschaften und Fähigkeiten, die vom Arbeitnehmer nicht beeinflusst werden können und die dazu führen, dass der Arbeitnehmer nicht mehr in der Lage ist, seine Arbeitsleistung vertragsgerecht zu erfüllen.

Beispiele für personenbedingte Kündigungsgründe sind:
- krankheitsbedingte Fehlzeiten
- Drogensucht
- fehlende Eignung
- Verlust der Fahrerlaubnis, wenn diese Voraussetzung für die Tätigkeit ist (wie in der ambulanten Pflege)

Eine verhaltensbedingte Kündigung setzt eine Pflichtverletzung des Arbeitnehmers voraus, für die der Arbeitnehmer verantwortlich ist (z. B. wiederholtes unentschuldigtes Fehlbleiben, Verletzung von Nebenpflichten wie dem Wettbewerbsverbot).

Eine betriebsbedingte Kündigung beruht auf einem Umstand, der seine Ursache in der betrieblichen Sphäre hat (z. B. Schließung einer Station). Der Arbeitgeber, der aus betriebsbedingten Gründen Arbeitnehmer entlassen will oder muss, darf nicht beliebige Arbeitnehmer kündigen, sondern er muss eine Sozialauswahl treffen, die wiederum gerichtlich überprüfbar ist.

In einem Kündigungsschutzprozess wird immer eine umfassende, am Einzelfall orientierte Interessenabwägung vorgenommen und es wird stets geprüft, ob ein milderes Mittel als die Kündigung in Betracht kommt.

Frage 89: **Unter welchen Voraussetzungen ist das Kündigungsschutzgesetz auf ein Arbeitsverhältnis anwendbar?**

Erklärt der Arbeitgeber die ordentliche Kündigung, muss er in einem etwaigen Kündigungsschutzgesetz nur dann die soziale Rechtfertigung der Kündigung im Sinn des § 1 Abs. 1 KSchG (siehe Vorfrage) darlegen und beweisen, wenn die Vorschriften zum Kündigungsschutz auf das Arbeitsverhältnis anwendbar ist.

Für die Anwendung des allgemeinen Kündigungsschutzes im Kündigungsschutzgesetz auf ein Arbeitsverhältnis gibt es zwei Voraussetzungen:

1. Das Arbeitsverhältnis des Arbeitnehmers muss in demselben Betrieb oder Unternehmen ohne Unterbrechung länger als sechs Monate bestanden haben (siehe § 1 Abs. 1 KSchG)
2. Bei dem Betrieb darf es sich nicht um einen Kleinbetrieb im Sinn des § 23 KSchG handeln.

Es sind verschiedene Gründe, die den Gesetzgeber dazu bewogen haben, Kleinbetriebe von der Verpflichtung, eine ordentliche Kündigung sozial zu rechtfertigen, zu befreien:

1. Inhaber kleinerer Betriebe haben eher Schwierigkeiten bei Anwendung des komplizierten Kündigungsrechts, auch weil qualifiziertes Beratungspersonal kostenintensiv ist.
2. Kleinbetriebe werden durch langwierige Kündigungsschutzverfahren bzw. durch Abfindungen, die zur Abwehr dieser Verfahren geleistet werden, erheblich stärker belastet als größere Betriebe.
3. Kleinbetriebe können oft kaum Reserven bilden und müssen deshalb in die Lage versetzt werden, Schwankungen der Auftragslage durch größere personalwirtschaftliche Flexibilität auszugleichen. Deshalb sollen im Interesse der Funktionsfähigkeit des Betriebes und des Betriebsfriedens notwendige Entlassungen leichter möglich sein (LAG Rheinland-Pfalz 30.08.2007 – 2 Sa 373/07). Im Pflegebereich betrifft diese Frage die Mitarbeiterinnen kleinerer ambulanter Pflegedienste.

Über die Frage, bis zu welcher Beschäftigtenzahl ein Kleinbetrieb im Sinn des § 23 KSchG vorliegen soll, wurde immer wieder im Bundestag verhandelt.

Seit 01.01.2004 gilt für den Kündigungsschutz nach dem Kündigungsschutzgesetz im Kleinbetrieb nach § 23 KSchG folgende Rechtslage:

- In Betrieben mit fünf oder weniger Arbeitnehmern gilt der Kündigungsschutz nach dem Kündigungsschutzgesetz nicht. Auszubildende zählen dabei nicht als Arbeitnehmer.
- Für einen Arbeitnehmer, der am 31.12.2003 in einem Betrieb mit mehr als fünf Arbeitnehmern beschäftigt war, gilt der Kündigungsschutz nach dem Kündigungsschutzgesetz.
- In Betrieben mit zehn oder weniger Arbeitnehmern gilt der Kündigungsschutz nach dem Kündigungsschutzgesetz nicht für die Arbeitnehmer, deren Arbeitsverhältnis nach dem 31.12.2003 begonnen hat. Werden jedoch in der Regel mehr als zehn Arbeitnehmer beschäftigt, gilt der Kündigungsschutz nach dem Kündigungsschutzgesetz für alle Beschäftigten.

Bei der Feststellung der Zahl der beschäftigten Personen sind teilzeitbeschäftigte Arbeitnehmer mit einer regelmäßigen wöchentlichen Arbeitszeit von nicht mehr als 20 Stunden mit 0,5 und mit nicht mehr als 30 Stunden mit 0,75 zu berücksichtigen.

Beispiel **Kündigungsschutz**

Die Pflegekraft Frau P ist seit 01.07.2002 in einem ambulanten Pflegedienst angestellt. Am 31.12.2003 hatte der Pflegedienst sechs Vollzeitbeschäftigte. Seither wurden vier weitere Vollzeit-Pflegekräfte eingestellt. Die Pflegekraft P genießt den Kündigungsschutz nach dem Kündigungsschutzgesetz. Ihre vier Kolleginnen, die nach dem 31.12.2003 eingestellt wurden, genießen keinen Kündigungsschutz nach dem Kündigungsschutzgesetz. Falls noch eine weitere Mitarbeiterin eingestellt wird, fallen alle unter den Kündigungsschutz.

Frage 90: Muss der Arbeitgeber einem Arbeitnehmer, den er kündigen will, Gelegenheit geben, sich zum Kündigungsgrund zu äußern?

Grundsätzlich nicht. Dabei kommt es nicht darauf an, ob auf das Arbeitsverhältnis das Kündigungsschutzgesetz anwendbar ist oder nicht. Auch im Anwendungsbereich des Kündigungsschutzgesetzes hängt die Wirksamkeit einer personen- oder verhaltensbedingten Kündigung nicht davon ab, ob der Arbeitgeber dem Arbeitnehmer Gelegenheit gegeben hat, zu dem Grund, der ihn zur Kündigung bewegt, Stellung zu nehmen (BAG 21.02.2001 – 2 AZR 579/99, NZA 2001, S. 951).

Nicht einmal vor einer außerordentlichen Kündigung nach § 626 BGB ist der Arbeitgeber verpflichtet, den Arbeitnehmer anzuhören. Für die Wirksamkeit einer Kündigung kommt es nur darauf an, ob objektiv die Voraussetzungen für die Kündigung vorliegen. Ob dies der Fall ist, kann der Arbeitnehmer im Kündigungsschutzprozess vor dem Arbeitsgericht überprüfen lassen.

Von dem Grundsatz, dass der Arbeitnehmer vor einer Kündigung nicht angehört werden muss, gibt es jedoch eine Ausnahme: die Verdachtskündigung. Eine Verdachtskündigung ist eine Kündigung, die auf dem Verdacht beruht, der Vertragspartner könne eine strafbare Handlung oder eine schwerwiegende Pflichtverletzung begangen haben. Typischerweise erklärt der Arbeitgeber dann eine Verdachtskündigung, wenn eine schwere Verfehlung des Arbeitnehmers im Raum steht, von deren Vorliegen der Arbeitgeber nicht ganz überzeugt ist, für die aber eine große Wahrscheinlichkeit besteht. Ein klassischer Fall ist der Diebstahlsverdacht. Für eine Verdachtskündigung hat die Rechtsprechung besondere Wirksamkeitsvoraussetzungen entwickelt. Eine der Anforderungen besteht darin, dass der Arbeitgeber, bevor er die Verdachtskündigung erklärt, dem Arbeitnehmer Gelegenheit geben muss, sich zum Vorwurf zu äußern. Eine Verdachtskündigung ohne vorherige Anhörung des Arbeitnehmers ist unwirksam.

Frage 91: **Muss der Arbeitgeber eine Kündigung begründen?**

Bei dieser Frage muss man unterscheiden zwischen der Begründung der Kündigungserklärung und der Begründung in einem etwaigen späteren Kündigungsschutzprozess vor dem Arbeitsgericht.

Grundsätzlich ist der Arbeitgeber nicht verpflichtet, die Kündigungserklärung zu begründen. (Der Arbeitnehmer muss seine Kündigung selbstverständlich auch nicht begründen.)

Von diesem Grundsatz gibt es zwei Ausnahmen, wobei in beiden Fällen die Kündigungsgründe in der schriftlichen Kündigungserklärung anzugeben sind:

1. Kündigung eines Berufsausbildungsverhältnisses nach Ablauf der Probezeit (§ 22 Abs. 3 BBiG, § 15 Abs. 3 KrPflG [bis 31.12.2019], § 20 Abs. 3 AltPflG [bis 31.12.2019], § 22 Abs. 3 PflBG [ab 01.01.2020])
2. Kündigung gegenüber einer Frau
   1. während der Schwangerschaft,
   2. bis zum Ablauf von vier Monaten nach einer Fehlgeburt nach der zwölften Schwangerschaftswoche und

3. bis zum Ablauf der Schutzfrist nach der Entbindung, mindestens jedoch bis zum Ablauf von vier Monaten nach der Entbindung, wenn die für den Arbeitsschutz oberste Landesbehörde oder eine von ihr bestimmte Stelle die Kündigung nach § 17 Abs. 2 MuSchG ausnahmsweise für zulässig erklärt.

Außerdem gibt es Fälle, in denen der Arbeitgeber auf Verlangen des Arbeitnehmers Informationen zur Kündigungserklärung nachreichen muss:

- Bei einer betriebsbedingten Kündigung, die in den Geltungsbereich des Kündigungsschutzgesetzes fällt, muss der Arbeitgeber eine Auswahl treffen, welche Arbeitnehmer er kündigt. Dabei werden die Dauer der Betriebszugehörigkeit, das Lebensalter, etwaige Unterhaltspflichten und eine etwaige Schwerbehinderung berücksichtigt. Auf Verlangen des gekündigten Arbeitnehmers hat der Arbeitgeber die Gründe anzugeben, die zu den getroffenen Sozialauswahl geführt haben (siehe § 1 Abs. 3 KSchG).
- Im Fall einer außerordentlichen Kündigung hat der gekündigte Vertragspartner nach § 626 Abs. 2 Satz 3 BGB das Recht, vom anderen Vertragspartner die unverzügliche schriftliche Darlegung des Kündigungsgrundes zu verlangen.

Ansonsten gilt für ordentliche Kündigungen Folgendes:

Die Kündigungserklärung für eine ordentliche Kündigung, die unter den Geltungsbereich des Kündigungsschutzgesetzes fällt (▶ Frage 89: Unter welchen Voraussetzungen ist das Kündigungsschutzgesetz auf ein Arbeitsverhältnis anwendbar?) muss der Arbeitgeber nicht begründen (BAG 21.02.2001 – 2 AZR 15/00 NZA 2001, S. 833). Die soziale Rechtfertigung der Kündigung kann in einem Rechtsstreit überprüft werden. Dabei wird dann auf die Einzelheiten, mit denen der Arbeitgeber die Kündigung begründet, eingegangen. Dies gilt auch für eine ordentliche Kündigung, die nicht in den Geltungsbereich des Kündigungsschutzgesetzes fällt.

Frage 92: Unter welchen Voraussetzungen ist eine Kündigung wegen Unpünktlichkeit zulässig?

Das unpünktliche Erscheinen am Arbeitsplatz zählt zu den häufigsten Gründen für eine Abmahnung. Wiederholte Verspätungen oder wiederholte andere Pflichtverletzungen eines Arbeitnehmers im Zusammenhang mit der Arbeitszeit können im Anwendungsbereich des Kündigungsschutzgesetzes nach Abmahnung eine ordentliche verhaltensbedingte Kündigung rechtfertigen.

Zu den Voraussetzungen einer ordentlichen verhaltensbedingten Kündigung wegen wiederholter Verspätungen liegt eine Entscheidung des Bundesarbeitsgerichts vor, in der die Warnfunktion der Abmahnung im Mittelpunkt steht (BAG 16.09.2004 – 2 AZR 406/03, NZA 2005, S. 459 ff.).

In dem Fall ging es um die Wirksamkeit einer ordentlichen Kündigung, gegen die der Arbeitnehmer Klage erhoben hatte. Der Kläger war als Facharbeiter im Schichtbetrieb beschäftigt. Im Betrieb der Beklagten beginnt die Frühschicht um 5:45 Uhr, die Spätschicht um 13:45 Uhr. Mit Schreiben vom 27.05.2000 wurde der Kläger abgemahnt, weil er für sein Fehlen ab dem 22.05. keine Arbeitsunfähigkeitsbescheinigung vorgelegt hatte. Der Arbeitgeber verlangte für künftige Fehltage wegen Krankheit bereits am Folgetag die Arbeitsunfähigkeitsbescheinigung (und nicht erst am vierten Tag, wie in § 5 Abs. 1 Satz 2 EFZG vorgesehen).

Am 6.2.2001 erhielt der Kläger ein mit »2. Abmahnung« bezeichnetes Schreiben, in dem er für zwei Verspätungen abgemahnt wurde: einmal hatte er die Frühschicht erst um 6:14 Uhr, ein andermal die Spätschicht erst um 13:47 Uhr angetreten.

In einem Schreiben vom 10.07.2001, das als »3. Abmahnung« bezeichnet wurde, wurde der Kläger wegen weiter verspäteter Arbeitsantritte (um 5:49 Uhr bzw. um 14:01 Uhr) abgemahnt.

Am 18.12.2001 kam der Kläger um 13:49 Uhr, am 10.01.2002 ebenfalls um 13:49 Uhr, am 15.03.2002 um 5:58 Uhr und am 21.3.2002 um 5:50 Uhr zur Arbeit. Am Freitag, dem 5.4.2002, war der Kläger arbeitsunfähig krank, die Arbeitsunfähigkeitsbescheinigung erhielt die Beklagte am gleichen Tag.

Am folgenden Montag, dem 08.04., erschien der Kläger nicht zur Arbeit, erst zwei Tage später reichte er die Folgebescheinigung seiner Arbeitsunfähigkeitsbescheinigung nach. Nach Anhörung des Betriebsrats kündigte der beklagte Arbeitgeber das Arbeitsverhältnis am 30.04.2002 zum 31.05.2002. Der Arbeitnehmer erhob Kündigungsschutzklage vor dem Arbeitsgericht.

In den ersten beiden Instanzen (beim Arbeitsgericht und beim Landesarbeitsgericht) hatte der Arbeitnehmer Erfolg. Das Landesarbeitsgericht argumentierte, aus der dritten Abmahnung sei nicht deutlich genug hervorgegangen, dass auf einen weiteren Pflichtverstoß des Arbeitnehmers aus dem Bereich der Einhaltung der Arbeitszeit tatsächlich eine Kündigung und nicht wieder nur eine Abmahnung erfolgen würde. Deshalb sei die Kündigung nicht rechtmäßig. Das Bundesarbeitsgericht schloss sich dieser Meinung nicht an. Es gab dem Arbeitgeber Recht. Das Bundesarbeitsgericht stellte klar: Die Tatsache, dass der Arbeitgeber trotz zweimaliger Androhung einer Kündigung am 10.07.2001 eine dritte Abmahnung ausgesprochen und dem Arbeitnehmer noch eine Chance zur Änderung seines Verhaltens gegeben hatte, entwertet die Warnfunktion der dritten Abmahnung nicht. Im Arbeitsleben sei es schließlich verbreitete Praxis, bei als leichter empfundenen Vertragsverletzungen vor einer Kündigung mehrere – meist drei – Abmahnungen vorausgehen zu lassen. Würde man von einem Arbeitgeber verlangen, den nächsten Vorfall nach einer einschlägigen Abmahnung zum Anlass für eine Kündigung zu nehmen, wäre der ruhig und verständig abwägende, im Zweifel eher zur Nachsicht neigende Arbeitgeber benachteiligt. Hinzu käme, dass gerade beim Problem der Verspätung eines Arbeitnehmers der Pflichtverstoß in der Häufung – und weniger an sich – ins Gewicht falle.

Info
Bei der Kündigung wegen Unpünktlichkeit eines Arbeitnehmers ist außerdem zu beachten, dass der verspätete Dienstantritt nach der Rechtsprechung zu einer Störung im Betriebsablauf führen muss. Im Pflegebereich ist diese Voraussetzung wegen der Notwendigkeit der Übergabe unproblematisch.

Frage 93: **Eine Pflegekraft will die Wirksamkeit ihrer Kündigung vom Arbeitsgericht überprüfen lassen. Welche Frist hat sie dabei einzuhalten?**

Grundsätzlich ist nach § 4 KSchG für die Erhebung der Kündigungsschutzklage eine Frist von drei Wochen nach Zugang der schriftlichen Kündigung einzuhalten.

Beispiel **Fristberechnung**

Der Arbeitgeber schickt das Kündigungsschreiben am 02.04.2019 mit einfacher Post an den Arbeitnehmer. Der Brief wird am Vormittag des 03.04.2019 in den Briefkasten des Arbeitnehmers geworfen, am Abend holt der Arbeitnehmer den Brief aus dem Briefkasten heraus.
Das Kündigungsschreiben ist dann am 03.04.2019 zugegangen. Die Dreiwochenfrist beginnt am 04.04.2019 und endet drei Wochen später, mit Ablauf des 24.04.2019. Es genügt also, wenn die Kündigungsschutzklage am 24.04.2019 bis 24:00 Uhr in den Nachtbriefkasten der Gerichtsverwaltung gelangt ist.

In Ausnahmefällen kann das Gericht eine verspätete Kündigungsschutzklage zulassen. Der Arbeitnehmer (oder sein Rechtsanwalt) muss dann die Kündigungsschutzklage mit einem Antrag auf nachträgliche Zulassung der Klage verbinden.

Die Anforderungen an eine nachträgliche Klagezulassung sind streng, nach § 5 Abs. 1 Satz 1 KSchG muss der Arbeitnehmer nach erfolgter Kündigung trotz Anwendung aller ihm nach Lage der Umstände zuzumutender Sorgfalt verhindert sein, die Klage rechtzeitig zu erheben. Nach der Rechtsprechung des Bundesarbeitsgerichts ist die Unkenntnis des Arbeitnehmers von der Klagefrist nicht zu entschuldigen, weil es jedem Arbeitnehmer zuzumuten ist, sich unverzüglich nach Zugang einer Kündigung darüber zu informieren, wie er dagegen vorgehen kann (BAG 26.08.1993 NZA 1994, S. 281).

Erhält der Arbeitnehmer auf seine Anfrage eine falsche Auskunft über die Dauer der Klagefrist, wird die Klage nur dann nachträglich zugelassen, wenn der Arbeitnehmer sich an eine Stelle gewandt hat, von deren Kompetenz er ausgehen konnte. Zur Auskunft ungeeignete Stellen sind die Agentur für Arbeit (LAG Düsseldorf 25.04.1991 NZA 1992, S. 44) und der Betriebsrat (LAG Köln 13.09.1982 LAGE KSchG 1969 § 5 Nr. 16), geeignete Stellen sind die Rechtsantragsstelle des Arbeitsgerichts, Rechtsanwälte sowie die Rechtsschutzstelle der Gewerkschaft (LAG Köln 13.09.1982 LAGE KSchG 1969 § 5 Nr. 16).

Eine Krankheit an sich eröffnet noch nicht die Möglichkeit einer nachträglichen Klagezulassung; die Krankheit muss so von einer solchen Art sein, dass es dem Arbeitnehmer aus medizinischen Gründen nicht möglich ist, selbst Rechtsrat einzuholen oder andere Personen (Familie, Freunde, Bekannte) damit zu beauftragen, die Klage für ihn zu erheben (LAG Berlin 24.07.1977, AuR 1977, S. 346).

Wird die Rechtsunwirksamkeit einer Kündigung nicht rechtzeitig geltend gemacht, gilt die Kündigung von Anfang an als rechtswirksam (siehe § 7 KSchG).

Frage 94: Kann eine muslimische Pflegekraft, die bei einem ambulanten Pflegedienst arbeitet und es aus Gründen ihres religiösen Glaubens ablehnt, männliche Patienten zu waschen, in der Probezeit gekündigt werden?

In einem Fall, über den das Arbeitsgericht Mannheim am 23.03.2017 (3 Ca 282/16) zu entscheiden hatte, ging es um eine muslimische Pflegehelferin, die nach ihrem Arbeitsvertrag verpflichtet war, Menschen aller Pflegestufen zu betreuen, die es jedoch bereits in der ersten Arbeitswoche aus Gründen ihres religiösen Glaubens ablehnte, männliche Patienten zu waschen, obwohl dies in ihrer Stellenbeschreibung stand und im Arbeitsvertrag vereinbart war. Dies führte zur Kündigung in der Probezeit.

Die Pflegehelferin erhob Kündigungsschutzklage, sie war der Auffassung, wegen ihres Glaubens benachteiligt zu werden. Sie hielt die Kündigung nicht mit der in Artikel 4 Grundgesetz gewährleisteten Glaubensfreiheit für vereinbar. Deshalb sei die Kündigung unwirksam. Die Pflegehelferin erklärte, nach dem Koran sei es zwar erlaubt, Angehörige des anderen Geschlechts zu waschen, allerdings nur dann, wenn es notwendig sei. Diese Notwendigkeit sei nicht gegeben, wenn ein männlicher Kollege die Arbeit übernehmen könne. Die Pflegehelferin war der Meinung, der Pflegedienst hätte die Arbeit so organisieren müssen, dass sie keine männlichen Kunden waschen müsse, schließlich gäbe es genug männliche Kollegen.

Das Arbeitsgericht wies die Klage ab. Zum einen war die Klage bereits unzulässig, weil sie einen Tag zu spät eingereicht worden war. Wenn die Klage rechtzeitig eingereicht worden wäre, wäre ein Kündigungsschutz nach dem Kündigungsschutzgesetz ausgeschlossen, weil dieser erst nach sechs Monaten Beschäftigungszeit gilt. Zur Frage der Vereinbarkeit einer beruflichen Tätigkeit mit der Glaubensfreiheit aus Artikel 4 Grundgesetz hat das Bundesarbeitsgerichts am 20. Dezember 1984 (2 AZR 436/83) eine Grundsatzentscheidung getroffen. Danach ist insbesondere zu berücksichtigen, ob der Arbeitnehmer bei der Eingehung des Arbeitsverhältnisses mit einem Gewissenskonflikt hat rechnen müssen, ob der Arbeitgeber aus betrieblichen Erfordernissen auf dieser Arbeitsleistung bestehen muss, ob dem

Arbeitnehmer andere Arbeit zugewiesen werden kann und ob mit zahlreichen weiteren Gewissenskonflikten in der Zukunft zu rechnen ist.

Die Richterin am Arbeitsgericht Mannheim erklärte in der mündlichen Verhandlung, die Kündigung seitens des Pflegedienstes sei nicht sittenwidrig.[1]

Wichtig **Frühzeitiger Hinweis ist wichtig**

Arbeitnehmern, die aus Gründen ihrer Religion Tätigkeiten, die zum typischen Berufsbild zählen, nicht durchführen könnten, wird empfohlen, bereits im Bewerbungsgespräch darauf hinzuweisen.

Frage 95: Was sollte ein Arbeitnehmer bei Beendigung des Arbeitsverhältnisses in puncto Zeugnis beachten?

Der Anspruch auf ein Zeugnis ergibt sich aus § 109 GewO bzw. aus § 35 TVöD. Der Arbeitnehmer hat Anspruch auf ein schriftliches Zeugnis. Nach § 109 Abs. 3 GewO ist die Erteilung eines Zeugnisses in elektronischer Form ausgeschlossen.

Es werden zwei Formen von Zeugnissen unterschieden:
1. Einfaches Zeugnis: Nur mit Angaben zu Art und Dauer der Tätigkeit
2. Qualifiziertes Zeugnis: Zusätzlich Angaben über Leistung und Verhalten des Arbeitnehmers

Der Arbeitnehmer kann das Zeugnis nicht erst nach Ablauf der Kündigungsfrist verlangen, sondern bereits »bei« Beendigung des Arbeitsverhältnisses, also zur Zeit der Kündigung bzw. des einschlägigen anderen Beendigungsgrundes (BAG 27.02.1987 NZA 1987, S. 628). Nur so ist gewährleistet, dass der Arbeitnehmer das Zeugnis für seine Suche nach einer neuen Arbeitsstelle verwenden kann. Schließlich ist dies der Zweck des Arbeitszeugnisses:

[1] https://www.rnz.de/nachrichten/mannheim_artikel,-Mannheim-Muslimische-Pflegerin-weigerte-sich-Maenner-zu-waschen-und-klagte-gegen-Kuendigung-_arid,263576.html

Einen anderen Arbeitgeber, der darüber nachdenkt, den Arbeitnehmer einzustellen, über Person und Leistung des Bewerbers zu informieren.

Sobald der Arbeitnehmer weiß, dass er den Betrieb verlassen wird, sollte er seinem Arbeitgeber mitteilen, ob er ein einfaches oder ein qualifiziertes Zeugnis haben möchte. Meist wird der Arbeitnehmer ein qualifiziertes Zeugnis bevorzugen. Falls ein Arbeitnehmer jedoch aus berechtigten Gründen ein schlechtes Zeugnis zu erwarten hat, sollte er von seinem Arbeitgeber nur ein einfaches Zeugnis verlangen. Ein Arbeitszeugnis soll zwar wohlwollend sein, um dem Arbeitnehmer seinen weiteren beruflichen Weg nicht zu erschweren, der Inhalt muss jedoch der Wahrheit entsprechen.

Würde der Arbeitgeber in einem qualifizierten Zeugnis einen wichtigen Umstand verschweigen, könnte er sich einem späteren Arbeitgeber gegenüber, der den Arbeitnehmer eingestellt hat, sogar schadensersatzpflichtig machen.

Dies hat das Landesarbeitsgericht Baden-Württemberg (29.11.2007 – 11 Sa 53/07) entschieden, nachdem eine Krankenschwester wegen des Verdachtes des versuchten Mordes für drei Monate in Untersuchungshaft war. Der Arbeitgeber hatte in das Arbeitszeugnis einen Hinweis auf das laufende Ermittlungsverfahren aufgenommen und die Krankenschwester hatte verlangt, die entsprechende Passage aus dem Zeugnis zu streichen – ohne Erfolg.

Frage 96: In welchen Fällen hat ein Arbeitnehmer einen Anspruch auf ein Zwischenzeugnis?

Ein Anspruch auf ein Zwischenzeugnis ergibt sich im öffentlichen Dienst aus § 35 Abs. 2 TVöD. Danach können Beschäftigte aus triftigen Gründen auch während des Arbeitsverhältnisses ein Zeugnis (Zwischenzeugnis) verlangen.

Außerhalb des TVöD ergibt sich der Anspruch auf ein Zwischenzeugnis aus einer allgemeinen vertraglichen Nebenpflicht des Arbeitgebers aus dem Arbeitsvertrag. In Anlehnung an die tarifliche Vorschrift für den öffentlichen Dienst hat die Rechtsprechung einen Anspruch auf ein Zwischenzeugnis akzeptiert, wenn der Arbeitnehmer einen triftigen Grund geltend machen kann (LAG Köln 02.02.2000 NZA-RR 2000, S. 419).

Ein triftiger Grund liegt dann vor, wenn das Arbeitsverhältnis durch rechtliche oder tatsächliche Veränderungen einen deutlichen Einschnitt erfährt. Dies ist in folgenden Situationen der Fall:

- Versetzung
- Zuweisung einer neuen Tätigkeit
- Ruhen des Arbeitsverhältnisses für längere Zeit wegen Elternzeit, Wehrdienst etc.
- Wechsel des Vorgesetzten (BAG 01.10.1998 AP BAT § 61 Nr. 2)
- Betriebsübergang mit Übergang des Arbeitsverhältnisses zum neuen Arbeitgeber, wenn derjenige, der den Arbeitnehmer beurteilt, den Arbeitgeber nicht wechselt
- Der Arbeitnehmer benötigt ein Zwischenzeugnis, um an einer Fortbildung teilnehmen zu können.

Frage 97: **Eine ambulante Pflegekraft möchte nach Ende ihres Arbeitsverhältnisses im März 2019 eine Überstundenvergütung für zehn Überstunden aus dem Juli 2018 beim Arbeitgeber einfordern. Was muss sie dabei beachten?**

Möglicherweise steht dem Anspruch eine Ausschlussfrist aus dem Arbeitsvertrag entgegen. Wenn es sich um einen formularmäßig verwendeten Arbeitsvertrag handelt, gilt: Ausschlussfristen in Formulararbeitsverträgen können unwirksam sein, wenn sie den Arbeitnehmer unangemessen benachteiligen. Das Bundesarbeitsgericht hat entschieden, dass eine Ausschlussfrist von weniger als drei Monaten zu kurz ist (BAG 28.09.2005 – 5 AZR 52/05).

Falls auf das Arbeitsverhältnis keine Ausschlussfrist anwendbar ist, könnte es sein, dass ein Anspruch, den ein Arbeitnehmer erst nach längerer Zeit geltend machen möchte, verjährt ist. Die regelmäßige Verjährungsfrist beträgt nach § 195 BGB drei Jahre. Damit wäre ein am 31.07.2018 fälliger Anspruch auf Überstundenvergütung im März 2019 noch nicht verjährt.

Info
Im Geltungsbereich des TVöD sind für die Geltendmachung von Ansprüchen die Ausschlussfristen des § 37 TVöD zu beachten.

Frage 98: Wie sieht es mit der Möglichkeit aus, einen arbeitsrechtlichen Konflikt außerhalb eines Gerichtsverfahrens durch eine Mediation zu lösen?

Wenn Positionen verhärtet sind und kein Gespräch unter den Streitparteien mehr möglich erscheint, könnte eine Konfliktlösung durch eine Mediation sinnvoll sein. Seit dem Jahr 2012 ist die Mediation im Mediationsgesetz geregelt. Das Arbeitsgerichtsgesetz ermöglicht es Richtern, den Parteien eines Rechtsstreits eine Mediation vorzuschlagen oder sogar diese anzuordnen.

Definition **Mediation**

§ 1 MediationsG definiert die Mediation als ein vertrauliches und strukturiertes Verfahren, bei dem Parteien mithilfe eines oder mehrerer Mediatoren freiwillig und eigenverantwortlich eine einvernehmliche Beilegung ihres Konfliktes anstreben.

Ein Mediator ist eine unabhängige und neutrale Person ohne Entscheidungsbefugnis, die die Parteien durch die Mediation führt. Die Mediation hat den Sinn, die Hintergründe eines Konflikts herauszuarbeiten, also die Interessen hinter oft starr gewordenen Positionen.

Die Kosten einer Mediation werden meist vorab als Stundensatz vereinbart. Eine Mediation kann deutlich teurer sein als ein Gerichtsverfahren. Es ist jedoch zu bedenken, dass die arbeitsrechtlichen Konflikte, die typischerweise durch eine Mediation gelöst werden können, zu hohen Krankheitsstand führen, wenn sie ungelöst bleiben.

Frage 99: Welche Konflikte im Pflegebereich eignen sich für eine Mediation, welche nicht?

Eine Mediation **eignet** sich vor allem für Teamkonflikte wie Schichteinteilung und Urlaubsplanung, Personalbesetzung, Mobbing. Außerdem eignet sich die Mediation für Konflikte im Zusammenhang mit Abmahnungen und Alkoholprobleme.

Nicht geeignet für eine Mediation sind dagegen Streitigkeiten um Vergütung (Eingruppierung, Zulagen, Sonderzahlungen, Entgeltfortzahlung im Krankheitsfall) sowie Pflichtverletzungen von Arbeitnehmern mit strafrechtlichem Bezug.

Frage 100: Wo finden sich Ansprechpartner für eine Mediation?

- Bundesverband für Mediation e.V.: www.bmev.de
- Bundesverband Mediation in Wirtschaft und Arbeitswelt e.V.: www.bmwa-deutschland.de
- Centrale für Mediation: www.centrale-fuer-mediation.de
- Rechtsanwältinnen und Rechtsanwälte, die Mediator(innen) sind, finden sich über www.anwalt-suchservice.de oder über den örtlichen Anwaltsverein.

Literatur

Müller-Glöge R, Preis U, Schmidt I (Hrsg.) (2019): Erfurter Kommentar zum Arbeitsrecht. 19., neu bearbeitete Auflage. C.H.Beck, München.

Weber M (2007): Arbeitsrecht für Pflegeberufe. Handbuch für die Praxis. Kohlhammer, Stuttgart.

Weber M (2009): Bundesarbeitsgericht konkretisiert Arbeitgeberpflichten: Mobbing am Arbeitsplatz, in: Pflegezeitschrift 7/2009, S. 21–23.

Weber M (2010): Mitarbeitervertretung vor Probezeitkündigung hören, in: Health & Care Management 2010, S. 52–53.

Weber M (2011): 50 Fragen zur sogenannten Überlastungsanzeige in Pflegeeinrichtungen. Brigitte Kunz Verlag, Hannover.

Weber M (2011): Fristlose Kündigung wegen eines Bagatelldelikts? in: Health & Care Management 1-2/2011, S. 50f.

Weber M (2011): Lohnfortzahlung bei Arbeitsunfähigkeit im Ausland, in: Health & Care Management 3/2011, S. 54f.

Weber M (2011): Anfechtung eines Aufhebungsvertrages, in: Health & Care Management 4/2011, S. 52f.

Weber M (2011): Anspruch auf Einsicht in die Personalakte, in: Health & Care Management 6/2011, S. 48f.

Weber M (2012): Meinungsfreiheit im Arbeitsverhältnis gestärkt, in: Health & Care Management 1-2/2012, S. 52f.

Weber M (2012): Haftung des Arbeitgebers? Unfall auf der Fahrt zur Rufbereitschaft, in: Die Schwester Der Pfleger 2/2012, S. 199–202

Weber M (2012): Probezeitkündigung wegen HIV kann wirksam sein, in: Health & Care Management 6/2012, S. 52f.

Weber M (2012): Fortbildung aus arbeitsrechtlicher Sicht: Die Initiative des Arbeitnehmers ist gefragt, in: Pflegezeitschrift 5/2012, S. 305–307

Weber M (2016): Mediation im Gesundheitswesen: Individuelle Konfliktlösung außerhalb des Korsetts des Rechtssystems, in: Pflegezeitschrift 5/2016, S. 297–299.

Weber M (2016): Mobbing im Arbeitsrecht: Arbeitgeber kann zur fristlosen Kündigung verpflichtet sein, in: Pflegezeitschrift 7/2016, S. 397–399.

Weber M (2016): Verlassen des Unternehmens auf eigenen Wunsch: Arbeitnehmereigene Kündigung, in: Pflegezeitschrift 9/2016, S. 548–550.

Weber M (2017): Gegen Pflichten verstoßen: Die Abmahnung – Gelbe Karte am Arbeitsplatz, in: Pflegezeitschrift 6/2017, S. 26–27.

Weber M (2018): Rechtliche Grauzone oder klare Spielregeln: Wenn das private Handy am Arbeitsplatz klingelt, in: Heilberufe 2/2018, S. 48–51.

Weber M (2018): Zwischen Selbstbestimmung und Arbeitgeberinteresse: Neue Rechtsprechung zur Arbeitnehmerüberwachung, in: Pflegezeitschrift 6/2018, S. 22–23.

Register

Zeitfracht Medien GmbH
Ferdinand-Jühlke-Straße 7
99095 Erfurt, Deutschland
produktsicherheit@kolibri360.de